CHINA'S INVESTMENT IN GLOBAL PERSPECTIVE:
REALITY AND FUTURE

全球视野下的中国投资
现实与未来

杜月◎著

图书在版编目（CIP）数据

全球视野下的中国投资：现实与未来／杜月著. --
北京 ：经济管理出版社，2024. -- ISBN 978-7-5096
-9947-8

Ⅰ. F832.48

中国国家版本馆CIP数据核字第2024QY4555号

组稿编辑：张馨予
责任编辑：张馨予
责任印制：张莉琼

出版发行：经济管理出版社
　　　　　（北京市海淀区北蜂窝 8 号中雅大厦 A 座 11 层　　100038）
网　　址：www. E-mp. com. cn
电　　话：（010）51915602
印　　刷：唐山玺诚印务有限公司
经　　销：新华书店
开　　本：720mm×1000mm/16
印　　张：14. 5
字　　数：223 千字
版　　次：2024 年 11 月第 1 版　　2024 年 11 月第 1 次印刷
书　　号：ISBN 978-7-5096-9947-8
定　　价：98. 00 元

前　言

　　投资是总需求的一部分，它既可以带动短期内经济增长，又可以形成资本存量，影响长期增长和总供给水平。投资对各国和地区都至关重要，对我国而言，投资的作用尤其突出。长期以来，我国较高的经济增速伴随着较高的投资增速。投资为我国扩大生产规模、提高生产率创造了条件，促进了经济的高速增长；同时也推动了我国基础设施、公共服务、社会保障水平等实现巨大改善，保障了经济社会的稳定运行和发展。

　　本书研究发现，进入 21 世纪以来，全球投资率从"大收敛"走向"大分化"。2000 年之前，各收入类型国家的平均投资率均在 20%~30% 波动，世界各国和地区的平均投资率变化趋势与高收入国家的变动趋势基本一致。2000 年至今，各收入类型国家的投资率呈现明显差异，呈现"中间高、两头低"的特征。其中，中等收入国家的投资率在 2001~2010 年上升至 30% 以上的水平，并且在 2010 年后继续分化，中高等收入国家投资率走高，中低等收入国家投资率走低；而高收入国家的投资率在 2001~2010 年降至 20% 左右的水平，近年来有所上升，但仍未超过 25%；低收入国家投资率 2012 年以后才有统计，水平相对较低，也位于 25% 以下。

　　在此背景下，我国的投资增长走出与其他东亚经济体不同的发展路径。1998 年之前，我国的投资率总体上位于 30%~40%，虽然高于欧洲、美国等西方经济体，但与"亚洲四小龙""亚洲四小虎"等经济体的投资率水平相近，高投资率、高经济增速的"东亚模式"总体成立。而在 1998 年以后，我国投资率逐步攀升至 40% 以上，同期日本和"亚洲四小虎"的投资率却下降至 25% 左右，韩国的投资率降至 30% 左右。与其他东亚经济体投资率迅速下滑的趋势不同，我国的投资率仍然处于高位。近年来，我国的投资增速尽管与 GDP 增速一同有所下降，但投资率仍保持较高水平。投资率由储蓄率决定，而储蓄率与长期的人口年龄结构相关。由于劳动年龄人口占比在短期内不会大幅下降，我国的储蓄率在短期内不会大幅下降，到"十五五"末期仍将处于 35%~40%，因此我国较高投资率这一特征在短期内也不会明显改变。因此，我国投资领域特有的增长轨迹和管理经验，也是中国式现代化进程中的一个重要实践。

依靠投资的增长模式并非"纸老虎"，我国继续投资仍具有必要性。长期以来，较高的投资率始终伴随着较大的争议。从 1994 年克鲁格曼《东亚奇迹的神话》起，学界开始探讨东亚经济高速增长背后的原因。克鲁格曼认为，如果一个经济体的增长纯靠要素积累而不是全要素生产率（TFP）的提升，这种投入就是低效的，这种增长就是不可持续的。1998 年，亚洲金融危机似乎验证了克鲁格曼的预言，然而，在危机后，马来西亚、印度尼西亚、泰国和菲律宾这"亚洲四小虎"的经济增速又回到 5% 以上的水平，韩国也在 2001 年后稳定进入高收入国家之列，说明东亚的经济增长并非仅靠要素积累的"纸老虎"。而从我国的发展实践来看，我国的大规模投资不仅为增长提供了要素保障，而且为技术进步和全要素生产率的提升创造有利条件。2035 年，我国要基本实现现代化、人均收入达到中等发达国家水平的目标。实现这一发展目标，隐藏着要达到经济潜在增长率的假设，需要全面提升全要素生产率，真正实现创新驱动的经济增长。科技创新离不开研发投入，尤其是在我国劳动年龄人口长期下降的趋势下，必须依靠资本投入，与数据、信息等新型要素结合，共同推动经济增长。因此，对我国而言，投资无论是从短期还是长期来看都是必要的。

投资形势、投资条件发生重大变化，我国的投融资模式也面临重构。在经济高速增长时期，在地方 GDP 竞赛的激励下，投资的高速增长离不开所支撑的投融资模式。以房地产市场快速发展支撑的土地财政大幅增加，加上地方政府融资平台承担了部分政府职能，地方可用于投资的资金相对充裕，对投资的高速增长形成有力支撑。2014 年以后，随着《中华人民共和国预算法》的实施和地方政府债务监管日益规范，地方政府专项债券逐步成为地方投资的主要资金来源。"十四五"以来，我国投资形势发生了一系列重大变化，新建投资增速低于扩建投资，建安投资增速低于设备工器具购置投资，房地产市场深度调整，民间投资占比有所下降，各地区投资动力仍待提升，有效投资空间仍待拓展；同时，投资条件也发生重大变化，土地出让连续大幅下降，真正符合地方政府专项债务发行要求的项目日趋减少，地方政府隐性债务监管日益完善，地方政府可用于投资的资金大幅下降，民间资本参与重大项目仍面临机制性障碍，传统的投融资模式已难以持续。在这种情况下，探索出可持续的投融资模式成为保持投资增长的关键。

未来，推进中国式现代化对投资提出更高的要求。未来的投资，既需要为经济社会的高质量发展奠定物质基础，又需要自身具备高质量发展的特征，这需要完成四个方面的任务：优化升级投资结构；提高投资效益；构建可持续的投融资模式；保持投资的合理增长。要实现这个目标，扩大有效益的政府投资、持续激发民间投资活力、更大力度吸引和利用外资是必须遵循的路径。

2012 年，我开始在国家发展和改革委员会投资研究所从事研究工作。此前，我在北京大学学习世界经济，并曾在本科阶段获得经济学和历史学双学位。从个人求学经历和研究过程来看，我始终认为，我国投资独一无二的演变路径，需要放在历史背景和全球视角下来观察。从第二次世界大战结束到 2008 年金融危机之前，全球经济在各国和地区经济快速增长和贸易投资加速流动中快速发展。直至今日，世界经济仍处于"近十年来发展最慢的时期"，了解全球经济和投资趋势变化，有助于更加客观、全面地对我国投资进行分析和评价。因此，本书是我十几年来研究成果的一个总结，试图从全球比较的角度研究我国投资的总量、结构、效益的变化趋势，并结合当前我国投资形势和投资条件正在发生的重大变化，对未来一段时间我国投资的发展趋势、发展思路和发展路径提出展望和建议。

书稿的诞生并非一蹴而就，受益于宏观院和投资所各位领导、师长及同事们在工作中对投资领域研究的指导与交流，对此一并表示感谢。同时，感谢我的家人一直以来的支持鼓励，高军和陈嘉硕同学帮助整理部分材料，以及出版社张馨予老师的悉心帮助。受水平所限，本书难免有疏漏之处，欢迎读者批评指正。

杜月

2024 年 6 月于北京

目　录

上篇　全球投资比较

第一章　全球投资总量和增长趋势 ·········· 3

第一节　近30年来的全球投资总量与增长趋势 ·········· 3

第二节　发达国家的投资增长 ·········· 6

第三节　新兴国家的投资增长 ·········· 9

第四节　全球投资率的变化趋势 ·········· 10

第二章　重点国家投资结构变化趋势 ·········· 15

第一节　发达国家近年来政府支出结构 ·········· 15

第二节　发达国家近年来整体投资结构变化 ·········· 33

第三节　发达国家制造业投资结构变化 ·········· 37

第四节　日本在相近发展阶段的投资特征 ·········· 40

第三章　投资效率的国际比较 ·········· 56

第一节　投资经济效益的国际比较 ·········· 56

第二节　投资综合效益的国际比较 ·········· 67

下篇　中国投资现实

第四章　"十四五"以来我国投资形势的变化 ……………… 103

第一节　投资总量变化特征 ………………………………… 103

第二节　各领域投资变化特征 ……………………………… 106

第三节　民间投资变化特征 ………………………………… 108

第四节　各地域投资变化特征 ……………………………… 110

第五章　当前我国的投资作用评价 ……………………… 111

第一节　投资对经济增长的带动作用 ……………………… 111

第二节　投资对收入、就业、消费的带动作用测算 ……… 117

第六章　我国未来投资的优势条件和需要解决的重大问题 …… 128

第一节　投资的优势条件 …………………………………… 128

第二节　需要解决的重大问题 ……………………………… 132

第七章　我国未来投资的变化趋势 ……………………… 145

第一节　投资总量未来变化趋势 …………………………… 145

第二节　各领域投资变化趋势 ……………………………… 148

第三节　城镇化率提升可带动的投资测算 ………………… 153

第八章　我国未来投资的发展思路 ……………………… 162

第一节　近年来中央和国家文件对投资的定位 …………… 162

第二节　未来一段时期投资的思路和战略取向 …………… 170

第九章　我国未来投资的发展路径 ·· 176

　第一节　形成投资与消费相互促进的良性循环 ·················· 176

　第二节　持续激发民间投资活力 ·· 178

　第三节　构建可持续的政府投融资模式 ·························· 180

　第四节　积极拓展有效投资空间 ·· 184

第十章　加大新质生产力投资 ·· 188

　第一节　创新的融资需求特征 ·· 188

　第二节　加快发展科技金融 ··· 191

　第三节　加强财政政策对科技创新的支持 ·························· 210

参考文献 ·· 213

上篇　全球投资比较

第一章　全球投资总量和增长趋势

第一节　近30年来的全球投资
总量与增长趋势

近30年来，全球投资快速增长，其中21世纪的前10年增长最快。1995～2022年，全球资本形成总额由9.83亿美元（2015年不变价美元，下同）增长至24.47万亿美元，2022年是1995年水平的2.49倍。1995～2022年，全球GDP总量由40.42万亿元增长至89.99万亿元，2022年是1995年水平的2.23倍。可以看出，全球投资在近30年保持了相对较快的增速，增幅大于同期的GDP增幅。其中，2001～2010年是全球投资增速最快的时期。以5年为一个周期来看，1995～2000年、2001～2005年、2006～2010年、2011～2015年、2016～2020年，全球总体投资年均增速分别为1.3%、4.3%、4.5%、3.9%和2.5%。可以看出，在2008年金融危机前，各国和地区经历了相对繁荣的时期，中国经济迅速崛起，全球经济贸易往来日益密切，投资也进入加速积累时期。而在金融危机后，各国和地区投资动力逐步放缓，投资增速又逐步回至相对平缓的时期。2021～2022年，受2020年低基数等因素影响，投资增速明显上升，但这一趋势能否持续仍待观察（见表1-1）。

表 1-1   1996~2022 年各类经济体资本形成增速

单位:%

占比＼年份	1996~2000	2001~2005	2006~2010	2011~2015	2016~2020	2021~2022
世界总量	1.3	4.3	4.5	3.9	2.5	5.2
高收入国家	4.7	1.9	-0.9	3.4	1.4	2.3
中等收入国家	-11.3	14.8	17.1	4.9	3.8	3.7
低收入国家	—	—	—	—	3.7	6.3

资料来源:世界银行,作者整理,下同。

高收入国家的平均投资远超中、低收入国家,但 2001 年以来中等收入国家投资积累增速最快。2022 年,在世界银行统计的 237 个国家中,83 个高收入国家的资本形成总额占全球的 52.1%,平均每个国家的资本形成总额为 1535 亿美元;108 个中等收入国家和 26 个低收入国家的资本形成总额分别占全球的 47.3%和 0.6%,平均每个国家的资本形成总额分别为 1072 亿美元和 55 亿美元。可以看出,高收入国家的平均资本形成总额是中等收入国家的 1.5 倍,是低收入国家的 27 倍。资本积累的差距是收入差距的重要原因。除此之外,2001 年以来,中等收入国家资本积累加速,2001~2010 年年均增速超过 10%,2001~2020 年年均增速超过 3.5%,相较之下,高收入国家的资本积累增速相对平缓 (见图 1-1)。

中国和美国的投资总量远超其他国家,中国从 2009 年起投资超过美国 (见表 1-2)。从单个国家来看,资本形成排在前十位的国家分别为中国、美国、日本、印度、德国、法国、英国、韩国、加拿大和意大利,在全球占比分别为 27.8%、19.5%、4.6%、4.1%、3.2%、2.7%、2.3%、2.1%、1.8%和 1.7%,十个国家的合计占比为 69.8%。目前,中国资本形成总量居全球第一。从变化格局来看,中国 1995 年的资本形成仅占全球的 4.8%,不足美国的 1/3;2009 年起,中国的资本形成总额超过美国,成为全球投资的第一

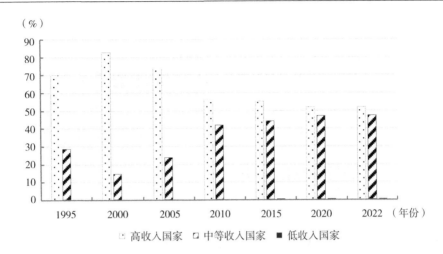

图 1-1 1995～2022 年各类收入国家资本形成在全球占比

大国。2022 年，中国投资总量约占全球的 27.8%，美国占 19.5%，其他国家的投资总量占比不足 5%。

表 1-2 1995～2022 年部分国家资本形成在全球占比

单位：%

年份 国家	1995	2000	2005	2010	2015	2020	2022
中国	4.8	6.6	12.0	20.8	24.5	28.6	27.8
美国	20.6	28.4	26.3	18.5	20.1	19.5	19.5
日本	12.4	11.5	9.0	6.0	5.7	5.0	4.6
印度	1.3	1.6	2.6	3.6	3.5	3.5	4.1
德国	6.3	6.5	4.5	3.9	3.4	3.3	3.2
法国	3.7	4.5	3.9	3.1	2.8	2.6	2.7
英国	3.1	3.5	3.2	2.5	2.7	2.2	2.3
韩国	2.4	2.6	2.6	2.4	2.2	2.3	2.1
加拿大	1.8	2.3	2.5	2.1	1.9	1.6	1.8
意大利	3.3	3.7	3.2	2.4	1.6	1.4	1.7

第二节　发达国家的投资增长

一、欧美发达国家的投资增长

从中长期来看，1970 年以来，欧美发达国家的固定资本形成（投资）增速在 10% 以内波动，无明显上升或下降趋势（见图 1-2）。同时，美国和欧洲国家的投资增速具有一定的同周期性，在 1974 年、1981 年、2002 年、2008 年、2020 年等危机年份增速为负，在接下来的 1977~1979 年、1984~1989 年、1998~2000 年、2010~2011 年、2021~2012 年等年份增速较高，反映出各国均选择增加投资作为应对危机的有力举措。

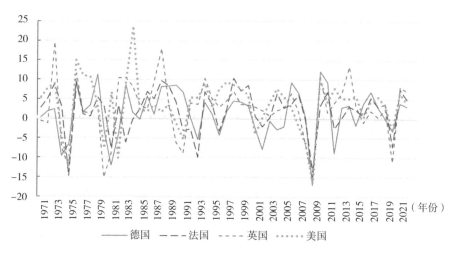

图 1-2　1970 年以来部分欧美国家的投资增速（%）

从近期五年平均的数据来看，2001 年以来，欧美发达国家投资增速在波动中呈上升趋势。2021~2022 年，德国、法国、英国、美国的平均投资增速分别为 3.6%、6.2%、7.7%、5.2%，分别较 2001~2005 年的平均增速提升了 6.7、4.5、5.5 和 2.4 个百分点。与之对比，我国 2021~2022 年的投资平均增速下降至 3.7%，较 2001~2005 年下降 13.8 个百分点，近两年投资增速反而低于欧美国家水平（见图 1-3）。

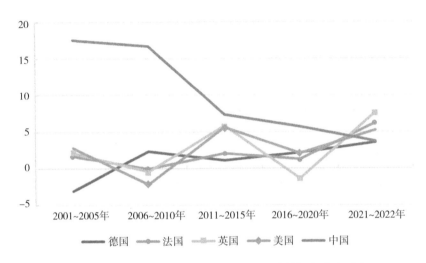

图 1-3 2001 年以来我国与部分欧美国家的投资增速对比

二、日本和韩国的投资增长

从中长期来看，日本和韩国的投资增速经历了由高到低、逐步下降的阶段（见图 1-4）。韩国的投资增速在 1981 年以前超过 20%，1984~2001 年在 10%~20% 波动，2002 年以后下降至 10% 以下。日本的投资增速在 1990 年以前高于 5%，在 1990 年后低于 5%。可以看出，我国的投资增长轨迹与韩国较为类似。

如表 1-3 所示，从近期五年平均的数据看，日本的投资增速较为低迷，在 2001~2005 年、2006~2010 年的均值均为负，在 2016~2020 年均值也仅为

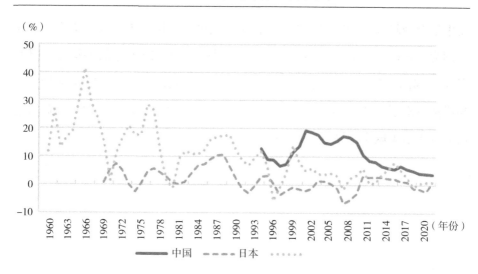

图 1-4　1960 年以来我国资本形成增速与日本和韩国的对比

-0.2%。韩国投资增速在 2001～2020 年在 2%～4% 波动，总体呈下降趋势，在 2001～2005 年、2006～2010 年、2011～2015 年、2016～2020 年的平均增速分别为 4.3%、3.4%、2.3%、3.0%，但 2021～2022 年降至 1.3%，低于欧美国家。

表 1-3　2001 年以来我国与日本、韩国的投资增速对比

单位:%

年份 国家	2001～2005	2006～2010	2011～2015	2016～2020	2021～2022
世界	4.4	4.8	3.9	2.5	5.2
中国	17.6	16.7	7.3	5.7	3.7
日本	-0.5	-3.4	2.9	-0.2	0.7
大韩民国	4.3	3.4	2.3	3.0	1.3

第三节 新兴国家的投资增长

从中长期来看，新兴国家保持较快的投资增速，在20%以下的区间内波动（见图1-5）。其中，越南和印度投资增速相对较快，在2000~2010年增长10%以上，南非投资增速在此阶段也在5%以上，墨西哥投资增速相对较低。2011~2020年，印度、越南和南非的投资增速明显下降，平均投资增速降至10%以下，墨西哥的投资增速仍保持低迷。

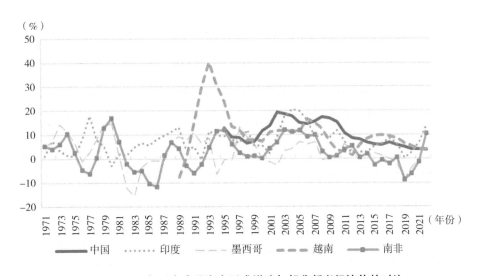

图1-5 1970年以来我国资本形成增速与部分新兴经济体的对比

2021年以来，大部分新兴国家投资增速明显上升。2021~2022年，印度、墨西哥、越南、南非的平均投资增速分别为13.7%、9.4%、4.9%、11.1%，除越南外其他国家的投资均加快。

其中，印度经济增长和投资增长速度均较快。而越南的投资增速在 2017 年之后略显趋缓之势，但外国直接投资增长势头依然较好。截至 2023 年，越南外商直接投资注册资金约 393.9 亿美元，同比增长 34.5%。同时值得关注的是，自 2020 年，《美墨加三国协议》（USMCA）正式生效以来，墨西哥资本形成和增长率近两年明显提升，从 2016~2020 年的负增长提高到 2021 年的 10.2%和 2022 年的近 6%。

第四节 全球投资率的变化趋势

1970 年至今，全球投资率（资本形成占 GDP 的比重）变化趋势可分为两个阶段（见图 1-6）。1970~2000 年为第一阶段，可看作投资率"大收敛"时期，各收入类型国家的平均投资率在 20%~30%波动，世界各国和地区的平均投资率变化趋势与高收入国家的变化趋势基本一致。2000 年至今，可视为投资率的"大分化"时期。在此期间，收入类型国家的投资率呈现"中间高、两头低"局面。中高等收入和中低等收入国家的投资率在 2001~2010 年上升至 30%以上的水平，并且在 2010 年后继续分化；而高收入国家的投资率在 2001~2010 年降至 20%左右的水平，近年来有所上升，但仍未超过 25%；低收入国家投资率 2012 年以后才有统计，尽管持续上升，但水平相对较低，也位于 25%以下。

从发展规律来看，世界各国和地区投资率和人均 GDP 之间呈现倒"U"形关系。计算 2000~2022 年全球各国和地区在人均 GDP 不同发展水平的平均投资率，可以发现，随着人均国民收入的提高，投资率均值呈现先上升后下降的倒"U"形趋势。如图 1-7 所示，人均国民总收入（GNI）在 0~1 万、

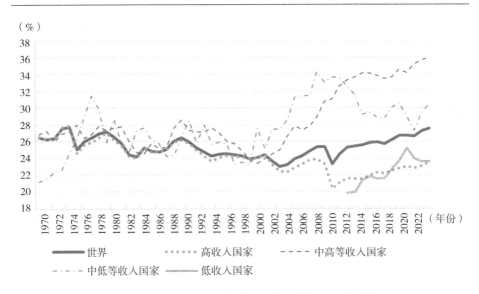

图 1-6　1970 年以来各类收入国家的投资率变化趋势

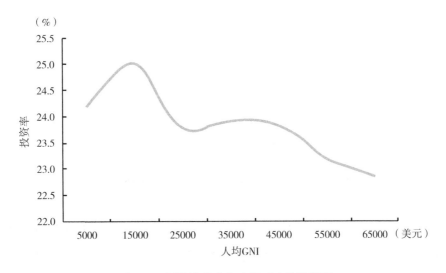

图 1-7　不同人均收入水平对应的投资率

1 万~2 万、2 万~3 万、3 万~4 万、4 万~5 万、5 万~6 万、6 万~7 万美元阶段，所对应的投资率水平分别为 24.2%、25.0%、23.8%、23.9%、23.9%、23.2%、22.8%。如图 1-8 所示，从日本韩国发展经验来看，当人均 GDP 在 10000~15000 美元（2015 年不变价）区间，开始出现投资率下降趋势。例如，日本在"二战"后逐步从低收入国家走向发达国家的进程中，投资率从 1952 年的 21.3% 逐步上升到 1969 年的 35.6% 的高位，之后逐步下滑到 2021 年的 24.48%。韩国从 70 年代初"经济起飞"到 20 世纪 90 年代中后期迈入新兴工业化国家的过程中，投资率先从 1970 年的 25.5% 逐步上升到 1991 年的 39% 的高位，然后再逐步下滑到 2021 年的 30.1%。

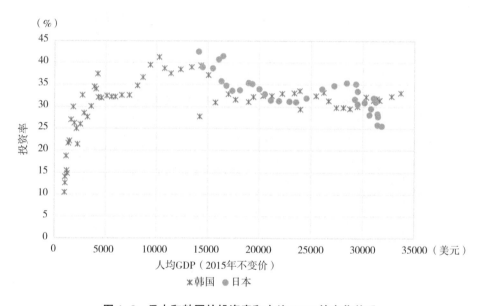

图 1-8　日本和韩国的投资率和人均 GDP 的变化关系

目前，我国投资率居全球第四位，高于主要经济大国和新兴经济体。2023 年我国投资率为 42.1%，根据世界银行统计数据，仅次于瓦努阿图、不丹和塞内加尔等小国。如图 1-9 所示，与发达国家相比，2000 年以后，我国投资率显著高于美国、英国、德国、法国、日本、韩国等发达国家，这些国家的投资率基本稳定在 30% 以下。与发达国家相近发展阶段相比①，日本 1970~1979 年平均投资率为 33.8%，韩国 1990~1999 年平均投资率为 36.8%，均低于我国水平。

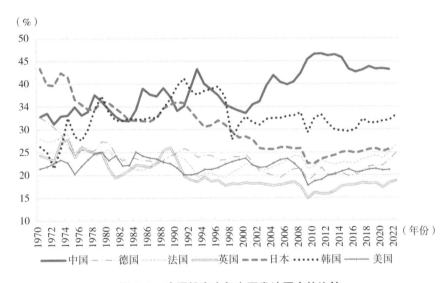

图 1-9　我国投资率与主要发达国家的比较

资料来源：世界银行数据库。

如图 1-10 所示，与主要新兴经济体相比，我国投资率也相对较高。我国投资率在 2005 年后上升至 40% 以上。印度、越南等亚洲国家的投资率在 2003~2014 年位于 35%~40%，近年来下降至 30% 左右。墨西哥、南非等国的投资率在 25% 以下，相对较低。

---

①　我国人均 GDP 突破 1.2 万美元，城镇化水平为 62.5%；日本 20 世纪 70 年代人均 GDP 为 1.6 万美元左右，城镇化水平为 75% 左右；韩国 20 世纪 90 年代，人均 GDP 为 1.3 万美元左右，城镇化水平在 77% 左右。

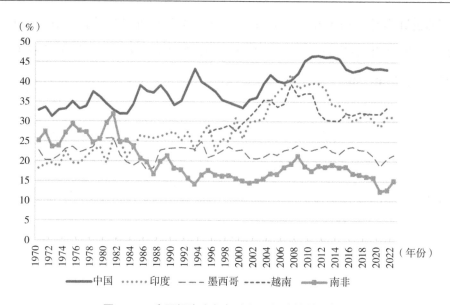

图 1-10　我国投资率与部分新兴经济体的比较

第二章　重点国家投资结构变化趋势

第一节　发达国家近年来政府支出结构

政府支出结构是政府职能结构的财政体现，政府支出结构直接反映了一国政府在各领域的发展优先级和投入情况，支出的范围和重点反映出政府职能和经济社会发展的新特点。普遍认为，政府的生产性支出在长期有利于资本存量上升，政府在社会保障、民生改善、公共建设、区域协调上的支出有利于塑造投资和生产环境，进而促进经济增长的长期效应（饶晓辉和刘方，2014；杜月，2016）。

一、OECD 国家政府支出结构

第一，社会保障支出是政府支出的首要项目。随着社会财富的不断增加以及社会贫富差距的拉大，社会福利制度逐渐建立并完善，社会保障支出已经成为政府支出的主要事项。2012~2021 年，经济合作与发展组织（OECD）国家平均的政府支出社会保障占比（政府社会保障支出占政府总支出的比例）由 35.29% 增长至 35.62%，是政府支出规模的最大项目（见图 2-1）。

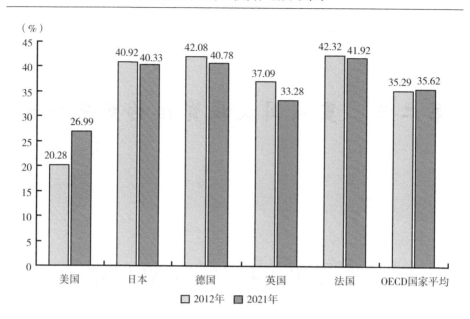

图 2-1　2012 年、2021 年 OECD 国家政府社会保障支出变化情况

资料来源：OECD Data Explore。

　　其中，美国、日本、德国、英国、法国 2021 年的政府社会保障支出占比分别为 26.99%、40.33%、40.78%、33.28%、41.92%，分别变动 6.71、-0.59、-1.30、-3.81、-0.4 个百分点。其中，美国社会保障占比增幅较大，但仍低于 OECD 国家平均支出水平；日本、德国、法国占比水平小幅降低，高于 OECD 国家平均支出水平；英国支出水平下降幅度大，2021 年已低于 OECD 国家平均水平。

　　第二，健康支出增加显著。随着发达国家社会结构的演变和人们对健康理念的重视，政府在健康领域承担了更多的支出责任。如图 2-2 所示，2012~2021 年，OECD 国家平均的政府支出健康占比（政府健康支出占政府支出的比例）由 14.25% 增长至 16.16%，是第二大支出项目。其中，美国、日本、德国、英国、法国的政府健康支出占比分别为 22.9%、20.68%、16.86%、20.50%、15.61%，分别增加 1.37、1.81、1.60、4.40、1.59 个百分点，均为政府支出的第二大项目。其中，法国政府健康支出占比低于OECD国家平均水平，英国的政府健康支出占比增幅较快。政府健康支出占比呈现出与经济社会发展水平的相同趋势，即GDP水平较高的国家，其健康支出在政府支出中的比例也较高。

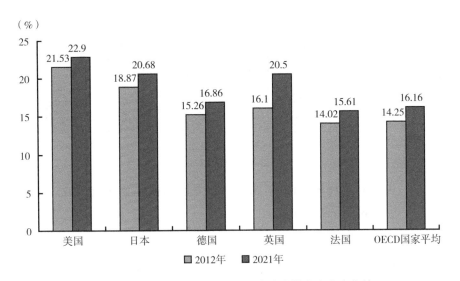

图2-2　2012年、2021年OECD国家政府健康支出变化情况

资料来源：OECD Data Explore。

第三，一般公共服务支出、教育支出和经济事务支出是主要发达经济体的其他三个主要支出项目。OECD国家平均一般公共服务支出占比由14.53%降低至11.31%，降低3.22个百分点。其中，美国、日本、德国、英国、法国占比分别为12.33%、8.47%、12.15%、9.73%、9.82%。平均教育支出占比由12.06%降低至11.37%，降低0.69个百分点。其中，美国、日本、德国、英国、法国占比分别为12.51%、7.78%、8.84%、11.23%、8.88%。平均经济事务支出占比由10.94%增加至13.01%，增长2.07个百分点。其中，美国、日本、德国、英国、法国占比分别为11.32%、12.66%、11.77%、11.97%、11.64%。支出项目规模的前五个项目总额超过政府支出总额的九成以上，是政府支出项目的主体部分。

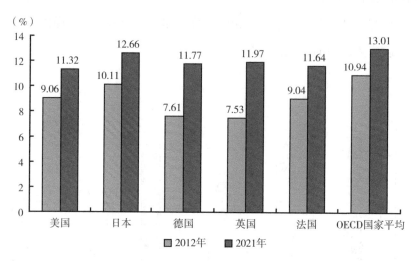

图 2-3 2012 年、2021 年 OECD 国家政府经济事务支出变化情况

资料来源：OECD Data Explore。

除此之外，公共安全、住房、娱乐文化、环境保护和国防支出占比相对较小。其中，OECD 国家平均住房和社区设施支出占比、环境保护支出占比分别为 1.19% 和 1.16%，德国为 0.88% 和 1.12%，低于平均水平。美国和英国公共秩序和安全支出占比分别高于平均水平 0.78、0.69 个百分点。美国国防支出占比为 10% 左右，英国为 4.47%，日本、德国、法国占比约为 3%。德国、法国文娱占比约为 2.5%，英国为 1.28%，美国、日本则不足 1%。

二、OECD 国家政府支出结构的变化趋势

（一）一般公共服务支出变化趋势

一般公共服务支出是政府为提供公共服务而发生的基础性支出，包括行政机构事务开支、对外经济援助、基础研究和公债交易等项目。一般公共服务支出的变化在一定程度上体现了政府财政状况和社会需求变化。

第一，一般公共服务支出占比下降。如图 2-4 所示，2012~2021 年，OECD 国家平均的政府一般公共服务支出占 GDP 比例由 6.69% 降低至 5.36%，降低 1.33 个百分点。其中，美国、日本、德国、英国、法国的一般公共服务支出占 GDP 比例分别为 5.54%、3.77%、6.22%、4.71%、5.80%，分别降低了 0.67、0.52、0.51、0.56、1.17 个百分点。从政府支出结构角度看，OECD 国家平均的政府一般公共服务支出占政府支出的比例由 14.53% 降低至 11.31%，降低 3.22 个百分点。其中，美国、日本、德国、英国、法国的一般公共服务支出占比分别为 12.33%、8.47%、12.15%、9.73%、9.82%，分别降低 3.17、2.19、2.84、1.86、2.38 个百分点，分别为 2012 年的 79.55%、79.46%、81.05%、83.95%、80.49%。可以看出，OECD 国家平均政府一般公共服务支出和主要发达经济体的政府一般公共服务支出呈现出明显的下降，但美国、日本等的降幅小于 OECD 国家平均水平。

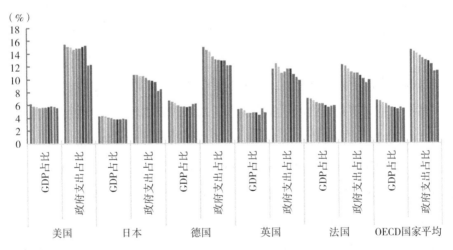

图 2-4　2012~2021 年一般公共服务支出变化情况

注：GDP 占比为一般公共服务支出占 GDP 的比例，政府支出占比为一般公共服务占政府支出的比例。

资料来源：OECD Data Explore。

第二，政府基本运行成本普遍增加。政府运行支出可归纳为三项。一是包含政府机关、金融、财政、对外的事务，服务支出的政府行政和立法机关、金融和财政事务、对外事务的支出（后称政府职能运行支出）；二是包括与具体职能无关的人事、规划等服务支出的政府一般服务支出（政府行政运行支出）；三是未列入其他类别的一般公共服务（后称其他服务支出）。如图2-5所示，按照购买力平价美元现价计算，2012 年日本政府运行支出为7626.45 亿美元，2021 年为 9121.79 亿美元，增加 1495.35 亿美元，占政府一般公共支出的比例呈上升趋势，为 45.00%，较 2012 年提高 8.00 个百分点；2021 年德国政府运行支出为 18839.51 亿美元，较 2012 年增加 8636.98亿美元，增长 84.66%，年均增长率达 6.33%，占一般公共服务支出的比例为 61.87%，较 2012 年提高 18.42 个百分点，增幅十分明显；2021 年英国政府运行支出为 5184.89 亿，较 2012 年增加 601.59 亿美元，占一般公共服务支出的比例为 32.81%，较 2012 年减少 2.78 个百分点；2021 年法国政府运行支出为 13216.55 亿，较 2012 年增加 4116.01 亿美元，占一般公共服务支出的比例为 65.51%，较 2012 年增加 12.71 个百分点。总的来看，德国、法国政府运行支出增幅十分显著，日本小幅提升，英国则有所下降。

第三，基础研究支出占比普遍提高。基础研究支出主要包括从事基础研究的政府机构支出和支持从事基础研究的研究机构和高等院校的支出。近十年，日本政府基础研究支出额为 464.09 亿美元，增长 240.16 亿美元，增幅达 107.25%，占政府一般公共服务支出的比例由 1.9 个百分点增加至 6.28 个百分点，发展率为 576.15%；德国基础研究支出额达 5180.52 亿美元，增长1870.12 亿美元，增幅为 56.49%，占比由 14.10% 增长至 17.01%。德国政府对基础研究的支出远高于发达国家的平均水平，并保持快速增长，近十年年均增幅为 1.89%。英国基础研究支出为 19.21 亿美元，减少 19.13 亿美元，占比也由 0.30% 降低至 0.12%，支出额仅为 2012 年的 50.11%。法国基础研究政府支出由 815.70 亿增长至 1006.17 亿美元，年均增长 2.12%，占政府一

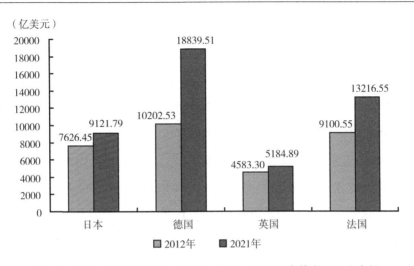

图 2-5　2012~2021 年日本、德国、英国、法国政府基本运行支出额

资料来源：OECD Data Explore。

般公共服务支出的比例增长至 4.99%。

总体来看，主要发达经济体在维持社会保障水平和一般公共服务类支出增速减缓的过程中，伴随政府基本运行支出、基础研发支出都普遍升高。发展的不确定性、不稳定性因素不断累加，迫使发达国家政府优化一般公共服务支出结构，减少非必要支出，提高政府运行支出效率；政府对基础研究增加了其资金配置。

（二）政府经济事务支出变化趋势

政府对经济事务的支出是政府经济政策导向和社会经济发展状况的反映，支出规模和结构的调整反映了经济发展趋势和政府关注的变化。

总体来看，OECD 国家政府对经济事务的干预更加积极。近十年，OECD 国家平均政府经济事务支出在政府支出的比例和占 GDP 的比例分别为 13.01% 和 6.10%，分别增加 2.07 和 1.17 个百分点。其中，美国政府经济事务支出额为 11859.76 亿美元，占当年政府支出的比例为 11.32%、占当年 GDP 的比例为 5.09%，支出额较 2012 年增长 5956.40 亿美元，增长

100.90%。日本政府经济事务支出额为3031.30亿美元，增长1074.98亿美元，年均增长4.48%，占当年政府支出的比例为12.66%、占当年GDP的比例为5.63%。德国2012年经济事务支出额为1191.36亿美元，2021年为2950.04亿美元，增长147.62%，2012年和2021年占政府支出和GDP的比例分别由7.61%和3.42%增加至11.77%和6.03%。英国政府经济事务支出额为1944.39亿美元，较2012年增长1107.12亿元，年均增长8.79%，占GDP和政府支出的比例由7.53%和3.43%增长至11.97%和5.80%。法国2012年政府经济事务支出为1277.84亿美元，2021年增长至2392.00亿美元，占政府支出和GDP的比例由9.04%和5.17%，小幅增长至11.64%和6.87%。具体表现特点（见图2-6、图2-7）：

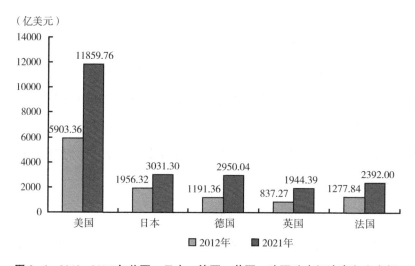

图2-6　2012~2021年美国、日本、德国、英国、法国政府经济事务支出额

　　第一，政府对经济发展环境关注度上升。经济发展既有看得见的生产扩大、产品增加、流动加快、消费扩张等显性因素，也离不开运营管理、经营业态、支持政策等间接的环境影响。政府经济环境支出（包括一般经济、商业和劳工事务支出）主要指对非特定行业的经济事项支出，如政府企业联

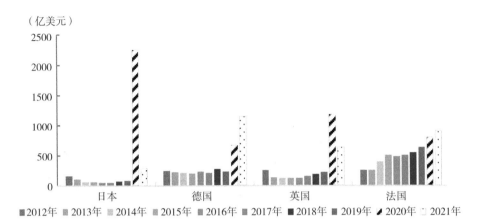

（亿美元）

■2012年 ▤2013年 ▨2014年 ▤2015年 ▨2016年 ▥2017年 ■2018年 ▨2019年 ╱2020年 ⬚2021年

图 2-7 2012~2021 年日本、德国、英国、法国政府经济环境支出变动

资料来源：OECD Data Explore。

络、就业支持、消费者保护等经济发展环境事项。政府在消除信息不对称、垄断和负外部性等市场缺陷上的有效措施，将对经济发展产生显著的有力促进作用。

2012~2017 年，日本政府对经济环境支出额呈现下降趋势，2017 年支出额为 59.57 亿美元，支出额为 2012 年的 36.19%，年均支出额为 89.50 亿美元；2018~2021 年支出大幅增加，年均支出额为 676.95 亿美元，呈现出小幅增加和阶段性激增共存。2012 年和 2021 年德国政府经济环境支出额分别为 256.18 亿美元和 1147.44 亿美元，年均增长率达 16.18%，占经济事务支出的比例由 21.56% 增加至 38.90%，成为德国第一大经济事务支出项目。2012 年英国政府经济环境支出为 267.25 亿美元，2020 年时达到最高值 1188.17 亿美元，2021 年为 639.70 亿美元，占 2012 年经济事务支出的 31.92%，2020 年和 2021 年为 46.51% 和 32.90%，呈现出明显的阶段性增加。

从经济环境支出占比上来看，十年间各国政府增加了经济环境保障的支出。总的来看，德国、英国、法国经济环境水平始终保持较高比例，而日本的经济环境支出水平则低于其余发达国家（见图 2-8）。

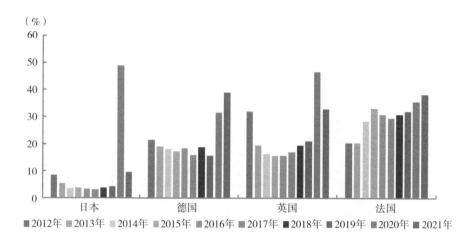

图 2-8　2012~2021 年日本、德国、英国、法国政府经济环境支出占比

资料来源：OECD Data Explore。

第二，燃料和能源支出存在阶段差异。能源供给稳定是经济发展稳定可持续的基本保证。政府燃料和能源支出主要包括各类能源的管理、保护、开发和合理利用以及对相关产业的政策支持支出。

能源支出比（燃料和能源支出与 GDP 之比）反映了经济发展的能源利用效率和能源发展模式。绿色低碳发展已经成为全球共识，能源支出比的下降，意味着每单位 GDP 能源消耗的降低，意味着经济结构的转型和能源利用效率的提高。短期来看，支出的上升反映了政府在能源保障和转型上的努力。

2012~2021 年，日本政府燃料和能源支出呈现明显的下降趋势，由 2012 年的 209.77 亿美元降低至 2021 年的 136.83 亿美元，支出减少至原来的 65.23%，在政府经济事务中的支出比例降至 4.51%，能源支出比降低至 0.24%。德国政府燃料和能源支出为 204.38 亿美元，占经济事务支出的比例由 3.69% 增长至 6.93%，增长 3.24 个百分点，能源支出比在 2012~2020 年维持在 0.13% 附近，2021 年快速增长至 0.40%。英国政府燃料和能源支出呈现明显的上升趋势，2012 年支出额为 32.52 亿美元，2021 年为 116.26 亿美元，年均增长 13.59%，能源支出比由 0.13% 缓慢增长至 0.40%，2021 年为

0.33%，同德国支出水平相似。法国政府燃料和能源支出较为稳定，能源支出比始终保持在 0.40%左右，支出额由 97.70 亿美元增长至 157.43 亿美元，年均增长 4.89%。

总体来看，日本近十年政府燃料和能源支出呈现下降趋势，能源支出比逐渐下降。英国和德国近年来的燃料和能源项目支出则呈现上升趋势，法国始终保持较高水平（见图 2-9、图 2-10）。

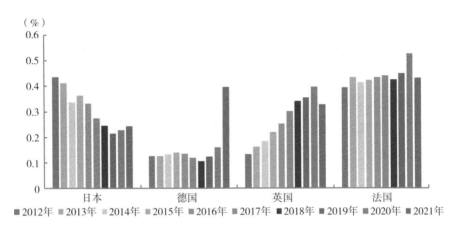

图 2-9　2012~2021 年日本、德国、英国、法国政府燃料和能源支出占 GDP 比例

资料来源：OECD Data Explore。

第三，运输是政府经济事务支出的主要部分。运输在各国政府支出中均占有较大规模，是政府经济支出的主要项目之一。2021 年日本政府运输支出为 833.63 亿美元，较 2012 年的 655.36 亿美元增长 27.20%，10 年间年均支出额为 746.88 亿美元，为日本政府经济事务支出第一大项目。2021 年德国政府运输支出为 1049.97 亿美元，较 2012 年的 548.79 亿美元增长 91.32%，是政府经济事务支出的第一大项目，约占政府经济支出的 50%；但 2019 年以来有所下降，2021 年为 33.93%。英国政府运输支出额保持上升趋势，2021 年为 733.32 亿美元，支出额年均增长率为 6.13%。2012 年法国政府运输支

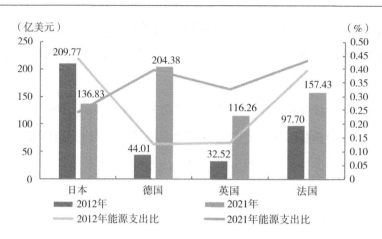

图 2-10　2012 年、2021 年日本、德国、英国、法国政府燃料和能源支出

出达 475.64 亿美元，此后不断增长，2021 年时达 767.69 亿美元，增长 61.40%。总体来看，近 10 年来各国政府在运输上的支出额保持上升趋势，但支出比重有所下降（见图 2-11）。

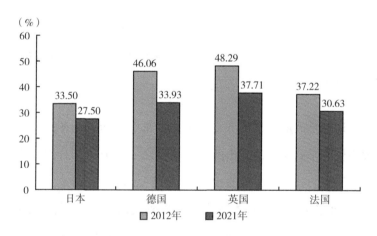

图 2-11　2012 年、2021 年日本、德国、英国、法国政府运输占经济事务支出比

资料来源：OECD Data Explore。

第四，政府消费培育力度加强。消费是拉动经济增长的"三驾马车"中的基础部分，是产品价值实现的关键。消费增长不仅有利于实现推动经济增长，带动供给侧结构性改革、实现产品产业技术升级，也有利于提高人民生活福祉。消费培育支出（包括政府在销售、仓储、旅游、饭店和多用途开发项目上的管理、规划、项目等资金支持）主要包括政府在各类新型消费的经济事务支出。政府在消费场景基础设施更新换代上的资金投入，对进一步刺激消费有显著作用。日本在2021年消费培育支出上的支持额为962.92亿美元，2012年为208.57亿美元，年均支出额为351.50亿美元，占经济事务支出的比例也由10.66%增长到31.77%，增长21.11个百分点，成为日本政府经济事务支出中的第一大项目，支出额明显高于欧洲国家。德国2021年在消费培育支出上的支出额为122.30亿美元，占经济事务支出的比例为4.15%，较2012年降低0.54个百分点。英国2021年在此项中的支出数目较小，2021年为近10年最高支出，但仅3.95亿美元。法国政府消费培育支出由79.21亿美元增长至152.00亿美元，在经济事务支出中的比例基本保持不变，为6.35%（见图2-12）。

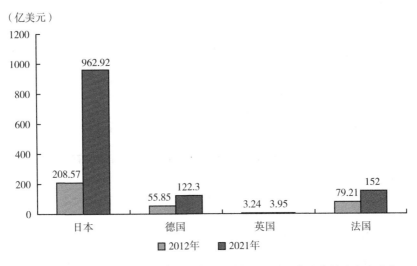

图2-12 2012年、2021年日本、德国、英国、法国政府消费培育力度支出

资料来源：OECD Data Explore。

第五，经济研发与新业态经济增强。经济研发被分为各类经济项目的应用研究和实验性开发支出，主要包括对从事各经济项目的政府机构管理和运行支出以及对经济研究机构和高等院校等非政府机构的金融支持。政府对经济研发的支持有助于培育经济新增长点，推动经济产业、业态、模式的创新进步。日本政府 2012 年和 2021 年的新经济培育支出分别为 107.59 亿美元和 120.15 亿美元，增长 11.67%。2021 年德国政府经济研发支出额为 137.60 亿美元，较 2012 年的 73.09 亿美元增长 88.26%。英国经济研发支出逐年增长，由 2012 年的 81.07 亿美元增长至 2021 年的 264.58 亿美元，10 年间年均支出达 149.70 亿美元，在政府经济事务支出中的比例也由 9.68% 提升至 13.61%，增加 3.93 个百分点。2012 年法国经济研发支出为 208.62 亿美元，2021 年增长至 293.07 亿美元，增长 40.48%（见图 2-13）。

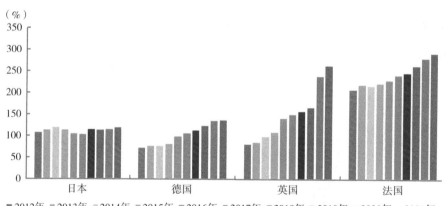

图 2-13　2012~2021 年日本、德国、英国、法国政府经济研发支出

资料来源：OECD Data Explore。

（三）政府教育支出变化趋势

教育是培养科技创新人才、科技发展的基石。2012 年以来，各国政府对教育项目的支出随经济发展增长，支出份额始终在 GDP 中具有一定比例。法

国、德国、日本、美国的政府教育支出平均保持在 GDP 的 5.39%、4.33%、
3.45%、5.95%（见图 2-14）。

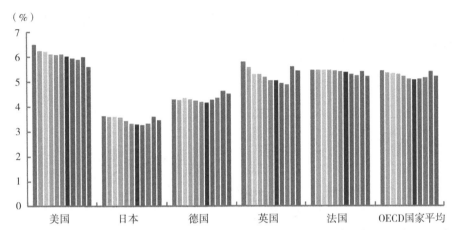

（%）

■2011年 ■2012年 ■2013年 ■2014年 ■2015年 ■2016年 ■2017年 ■2018年 ■2019年 ■2020年 ■2021年

图 2-14 2012~2021 年 OECP 国家政府教育支出占 GDP

资料来源：OECD Data Explore。

基础教育支出是政府支出重点。可以看出，2012~2021 年，主要发达国
家对基础教育（学前教育和初中教育支出之和）的支出明显高于其高等教育
支出，教育资源配置明显倾向基础教育。2012 年日本的基础教育支出为
880.26 亿美元，2021 年增长至 1324.09 亿美元，增长 50.53%；其高等教育
增长至 329.1 亿美元，增长 20.71%。德国十分重视教育资源的合理配置，不
断提高对基础教育的经费支持，2012 年和 2021 年在此项上的支出额分别为
853.8 亿美元和 1980.15 亿美元，增长达 131.64%；其中，高等教育支出为
268.59 亿美元和 419.22 亿美元，增长 56.09%。英国 2012 年基础教育支出和
高等教育支出分别为 836.88 亿美元和 182.66 亿美元，2021 年增长至
1174.30 亿美元和 244.38 亿美元。法国政府通过设立中小学专门经费、优化
基础教育教师培育体系、建立教师流动制度、强化教师培育教育、建设基础

设施等举措支持基础教育发展（许浙景，2019）。2012 年，法国基础教育支出为 875.49 亿美元，2021 年为 1563.27 亿美元，增长 78.73%；法国高等教育支出 2021 年为 233.34 亿美元，较 2012 年的 137.53 亿增长 68.75%。总的来看，基础教育支出占学历教育支出的比例均超七成，占政府教育支出的六成左右（见图 2-15）。

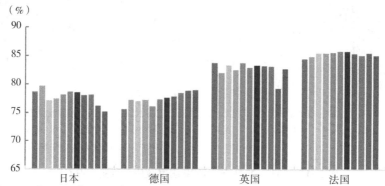

图 2-15　2012~2021 年日本、德国、英国、法国基础教育支出占学历教育支出（%）

非学历教育对优化劳动结构、提高劳动力效能作用的技能培养教育，具有应用性、职业性、专业性的特点。日本 2021 年非学历教育支出 385.14 亿美元，近十年支出始终保持在 360 亿美元左右，占教育支出的比例保持在 20.00% 左右，对非学历教育保持较高的支持力度。同样，英国近十年年均支持达 320.19 亿美元，占政府教育支出的比例约 21.00%。德国和法国年均支出分别为 89.14 亿和 92.90 亿美元，占比约为 4.83% 和 5.87%（见图 2-16）。

（四）科技应用研发支出趋势

第一，科技重视程度不断增强，德国、英国政府投入涨幅更高。政府投入是国家对科技重视支持的直接体现。近十年，日本、德国、英国、法国政

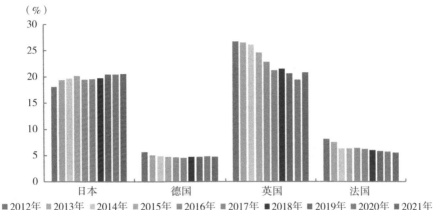

图 2-16　2012~2021 年日本、德国、英国、法国非学历教育支出占政府教育支出

府对包含基础研究和应用研究的科技研究支持投入整体呈现增长趋势。总体来看，2021 年日本政府科技研发投入达 366.17 亿美元，支出年均增长率为 0.97%，十年间年均投入 346.53 亿美元，科技研发支出额较为稳定。德国 2021 年科技研发投入达 713.71 亿美元，2012 年为 437.77 亿美元，支出额增长 275.95 亿美元，十年间年均增长 5.01%，呈现较为明显的快速增长趋势。英国 2012 年政府科技研发投入为 106.49 亿美元，2021 年为 358.96 亿美元，年均投入 217.24 亿美元，年均增幅达 12.92%。英国政府科技投入相较于其余三国整体规模较小，但十年内实现了快速增长。法国 2021 年投入达 426.80 亿美元，较 2012 年投入增加 109.80 亿美元，年均投入 362.32 亿美元。各国对科技研发投入总体呈现增加趋势，德国、英国投入实现明显提高，法国，日本投入较为稳定（见图 2-17）。

第二，大部分国家的应用研究支出比基础研究更高。从科技研发投入的内部结构看，各国在基础研究和应用研究的路径选择上具有一定差异，在一定程度上反映出各国科技进步的道路选择。日本、英国、法国政府支出对应用研究支持更多，而德国则在基础研究方面政府投入更大。从具体国家来看，日本政府科技研究投入以应用研究为主，但基础研究投入占比

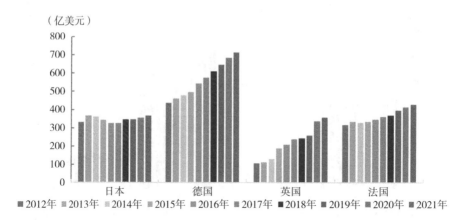

图2-17 2012~2021年日本、德国、英国、法国科技研究支出额

呈现上升趋势。2021年政府科研投入中，应用研究和基础研究占比分别为87.33%和12.67%，相较于2012年，应用研究和基础研究分别减少和增加5.94个百分点，表明日本政府对基础研究的重视程度不断提升。德国政府长期以来对基础研究的支出强度较高，2012年在此项上的支出占政府科研支出的75.62%，2021年为72.59%，在主要发达国家中仍然保持较高的比例。近十年来，德国政府也加大了对应用研究的支持力度，2021年支出占比达27.41%，较2012年提高3.03个百分点。总体而言，德国政府在基础研究中的支出比例较高，在原创性科技研发中具有较大优势和内生动力。英国近年来持续提高政府科研支出中的应用研究支持强度。其2021年政府应用研究占比达到99.46%，较2012年的96.40%提高3.06个百分点，而基础研究则降低至0.54%，呈现出鲜明的"应用为主"的导向。法国政府科研支出主要以应用为主、基础研究为辅，表现为近十年基础研究支出比例有所降低。2021年时，法国政府应用研究占比达76.43%，提高2.16个百分点（见图2-18）。

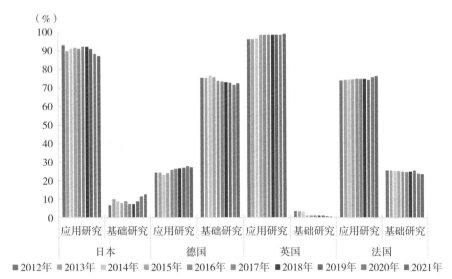

图 2-18　2012~2021 年日本、德国、英国、法国政府科技研发投入结构

资料来源：OECD Data Explore。

第二节　发达国家近年来整体投资结构变化

一、美国房地产全社会投资占比提升，采矿和采石降幅明显

从 OECD 数据看，2012 年，美国全社会投资中前五位分别为公共部门和国防、房地产、制造业、信息和通讯、采矿和采石，分别占当年形成总额的 19.53%、14.96%、13.82%、9.06%、6.66%；2021 年时，投资占比前五位的行业分别为房地产、公共部门和国防、制造业、信息和通讯、金融和保险，分别为总额的 24.59%、16.36%、12.17%、11.20%、5.64%。其中，制造业、公共部门和国防比例呈现下降趋势，房地产和信息通讯呈现上升趋势，

金融保险较为稳定。除此之外，采矿和采石占比降幅显著，由 6.66% 降低至 2.10%（见图 2-19）。

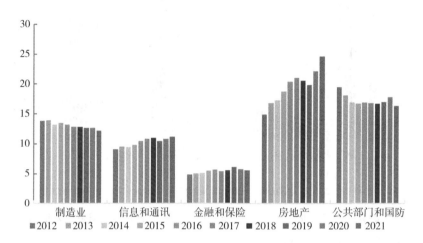

图 2-19　2012~2021 年美国固定资本形成前五项占比（%）

资料来源：OECD Data Explore。

二、日本投资结构相对稳定

近十年，日本全社会固定资产投资未发生明显变化，投资占比前五位行业分别为制造业、房地产、公共部门和国防、批发零售和机车维修、运输和储存，分别占形成总额的 24.64%、18.90%、11.08%、6.52%、6.26%。总体来看，日本近十年全社会投资结构较为稳定，信息和通讯业由 5.90% 降低至 5.24%，由第六位降低至第八位；电力、燃气、蒸汽和空调供应由 5.70% 提高至 5.79%，由第七位提升至第六位（见图 2-20）。

三、德国房地产全社会投资提高，行政支持服务减少

2021 年，德国全社会投资中占比前五位的行业分别为房地产、制造业、公共部门和国防、健康和社会工作、运输和储存，占比分别为 34.68%、

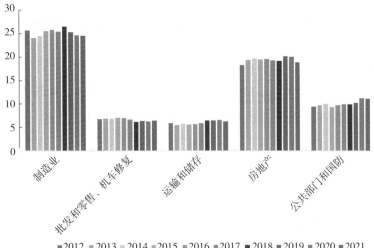

图 2-20 2012~2021 年日本固定资本形成前五项占比（%）

16.96%、6.15%、5.78%、5.09%。投资占比前五位行业中，德国制造业、运输和储存的全社会投资占比有所下降，房地产有所提高。除此之外，行政和支持活动降幅明显，由 7.70% 降低至 4.09%，由第三位降低至第七位。批发零售贸易和机车维修由 3.96% 降低至 3.51%，由第七位降低至第十位（见图 2-21）。

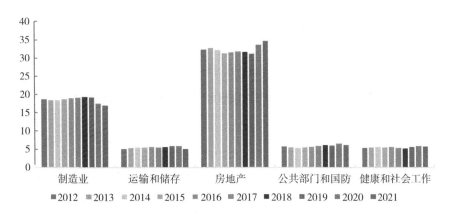

图 2-21 2012~2021 年德国固定资本形成前五项占比（%）

四、英国房地产投资保持高位，建设、教育位次高于其他国家

2021年，英国投资前五位为房地产、建设、制造业、教育、信息和通讯，分别占比29.77%、9.13%、8.99%、7.38%、7.15%。相较于其他四国，英国全社会投资中建设和教育占比较高。房地产占比近三成，呈现明显的"极化"。

五、法国房地产占比水平高，专业、科技活动投资高

2021年，法国投资前五位为房地产、制造业、公共部门和国防、信息和通讯、专业、科技活动，分别占比33.55%、11.21%、7.89%、7.42%、7.33%。法国房地产全社会投资与全社会投资之比近三成，相较于其他四国，法国全社会投资中专业、科技活动占比较高。

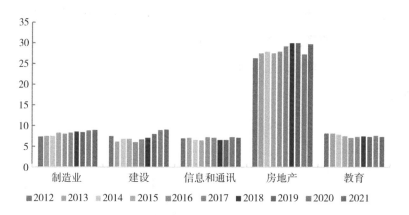

图2-22 2012~2021年英国固定资本形成前五项占比（%）

资料来源：OECD Data Explore。

综合来看，房地产、制造业、公共部门和国防是发达国家全社会投资中的重要主体，同时各国在运输和储存、信息和通讯、金融和保险、健康、教育等方面也各有优势。房地产支出仍然是主要发达国家的投融资重点，制造

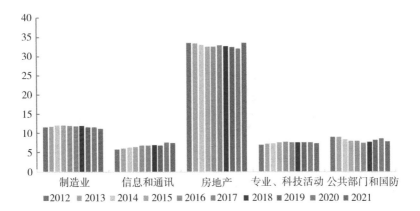

图 2-23 2012~2021 年法国固定资本形成前五项占比（%）

资料来源：OECD Data Explore。

业比例有所提高，采矿采石等非可持续资源消耗型产业投资下降明显。

第三节 发达国家制造业投资结构变化

一、美国化工及化工产品制造投资不断增加

2021 年，美国制造业全社会投资中前五位分别为化工及化工产品制造、计算机电子和光学产品制造、运输设备制造、食品饮料和烟草制品、基本金属制造业。化工及化工产品制造增幅显著，占全制造业投资的 30.50%，较 2012 年增长 8.39 个百分点，制造橡塑制品及其他非金属矿产品提高 1.26 个百分点。焦炭和精炼石油产品以及计算机、电子、光学产品制造全社会投资下降幅度较大，分别降低 1.99、2.55 个百分点（见图 2-24）。

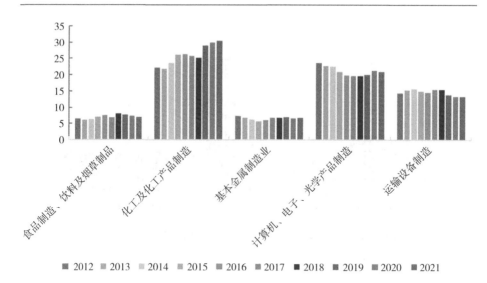

图 2-24　2012~2021 年美国制造业投资前五项占比（%）

资料来源：OECD Data Explore。

二、日本运输设备投资增加、计算机电子、光学产品下降明显

2021 年，日本制造业全社会投资中前五位分别为运输设备制造、化工及化工产品制造、机械和设备制造、计算机电子和光学产品制造、电气设备制造，分别占制造业投资额的 23.71%、17.17%、15.27%、14.87%、10.19%。其中，运输设备增幅明显，十年间提高 4.78 个百分点，计算机、电子、光学产品制造、电气设备制造则降幅明显，分别下降 2.68 和 1.55 个百分点（见图 2-25）。

三、英国和法国运输设备、食品饮料和烟草制造占比较高

英国和法国制造业投资中运输设备投资均为第一大项目，分别占 29.94% 和 22.52%，食品饮料制造和烟草制品，分别占 15.12% 和 10.57%，分别位于本国制造业投资总额的第二位和第三位，基本金属和金属制成品，分别占

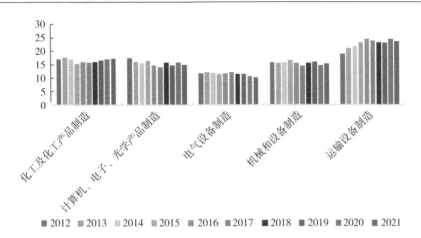

图 2-25　2012~2021 年日本制造业投资前五项占比（%）

7.18% 和 8.05%，分别为第五位和第四位。除此之外，英国其余两项为基本药品和制剂制造、机械和设备制造，分别占 15.12% 和 12.69%；法国为计算机、电子、光学产品制造、家具首饰乐器玩具和机械设备的维护安装，分别为 17.55% 和 8.62%（见图 2-26、图 2-27）。

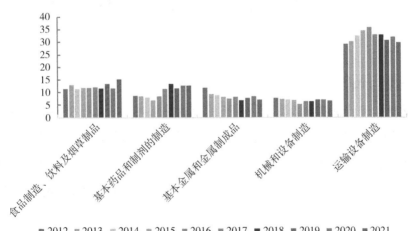

图 2-26　2012~2021 年英国制造业投资前五项占比（%）

资料来源：OECD Data Explore。

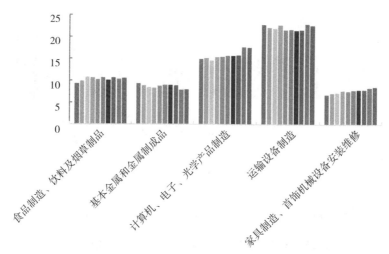

■ 2012 ■ 2013 ■ 2014 ■ 2015 ■ 2016 ■ 2017 ■ 2018 ■ 2019 ■ 2020 ■ 2021

图 2-27　2012~2021 年法国制造业投资前五项占比（%）

资料来源：OECD Data Explore。

第四节　日本在相近发展阶段的投资特征

当前，如何在经济高质量发展时期跨越中等收入陷阱、实现经济结构的优化升级，是当前我国投资面临的挑战，也对新阶段下如何更好发挥政府投资的作用提出了新要求。在历史上，日本不仅经济增长伴随着高储蓄率、高投资率、强政府作用的特征，而且也经历了由高速发展向中速发展的转型。因此，分析日本政府投资在经济转型时期的经验和教训对我国有较强借鉴意义。

一、我国当前发展阶段与日本 20 世纪 70 年代类似

我国的发展方式与日本较为类似，都具有高投资率、高增长率的特点，

并且政府投资在基础设施建设、引导促进企业投资、保障人民生活等方面发挥了重要作用。从发展阶段看相似，我国当前大致相当于日本 20 世纪 70 年代的水平，具体表现在以下方面：

第一，经济增速放缓。当前我国的经济正经历着由高速增长向高质量发展阶段的转型；而日本在 1956~1973 年经济的平均增速为 10% 左右，在 1973~1990 年的 GDP 平均增速为 5% 左右，也经历了由高速增长向稳定增长的转变。人均 GDP 方面，我国 2023 年的人均名义 GDP（2015 年不变价）约为 12174 美元，约相当于日本 1968 年的水平，而日本在 1969~1981 年实现了人均国民生产总值由 1.2 万美元向 2 万美元的跨越。

第二，三次产业结构相似。2013 年，我国第一、第二产业增加值占 GDP 的比重分别为 7.1% 和 38.3%；第三产业比重增加值占 GDP 的比重为 54.6%。相应地，日本 1970 年工业增加值占 GDP 比重为 43.67%，第三产业增加值比重为 51.19%。

第三，城镇化率仍有提升空间。2023 年，我国城镇人口占比为 64.6%，与发达国家仍有差距。1966 年，日本城镇人口占比为 68.7%，也处于快速上升时期，1968~1990 年，日本城镇人口占比从 68.7% 提升至 77.3%，2023 年，日本城镇率为 92%（见表 2-1）。

表 2-1　我国当前与日本历史阶段的比较

	我国当前发展水平	日本相似时期的发展水平
经济增速	5% 左右	4%~5%（20 世纪 70 年代）
人均名义 GDP	12174 美元（2023 年）	12795 美元（1968 年）
第一产业增加值占 GDP 比重	7.1%（2023 年）	9.9%（1964 年）
第二产业增加值占 GDP 比重	38.3%（2023 年）	43.67%（1970 年）
城镇人口比例	64.6%（2023 年）	68.7%（1966 年）

资料来源：世界银行发展数据库

20世纪70年代，日本面临经济增速放缓、制造业转型和老龄化的问题，还面临着生活基础设施不足、部分工业部门产能过剩、民间投资不足等挑战，都与我国当前亟须解决的问题类似。

二、日本20世纪70年代的政府投资方向

（一）加大生活部门投资，改善居民生活水平

在战后投资高速增长时期，日本的政府投资长期以"优先生产"为导向。为适应重化工业、钢铁等工业产业的发展需要，政府投资重点在于道路、港口、通信、工业用地等产业基础设施的建设。在20世纪60年代，日本政府在生产与生活方面的投资比率约为6∶4（上野裕也，1978）[①]。

20世纪70年代以后，政府投资加大了对生活领域的比重。此时的日本政府对社会发展重视程度越来越高，更加强调社会发展与经济发展的统一。因此，政府投资也越来越向住宅、下水道、环境卫生等生活设施领域倾斜，生活设施投资的资金由1975年的21.8%上升至1990年的27.7%，在政府资金分配中处于第二位[②]。根据日本总务省统计局数据（见图2-28），从20世纪70年代至21世纪初，日本一般会计账户中道路和港湾空港整备事业费总体呈下降趋势，而住宅、下水道和环境卫生等生活领域的费用呈上升趋势且增长较快。

财政投融资是日本财政资金支持经济社会发展的重要手段，其用途结构也同样体现出政府对生活投资的重视（见表2-2）。可以看出，财政投融资资金的使用上，用于基础产业和产业基础设施的比重逐渐下降，而用于生活改

---

① 转引自杨书臣，《日本投资管理》，经济管理出版社，1992年，第41页。
② 转引自杨书臣，《日本投资管理》，经济管理出版社，1992年，第45页。

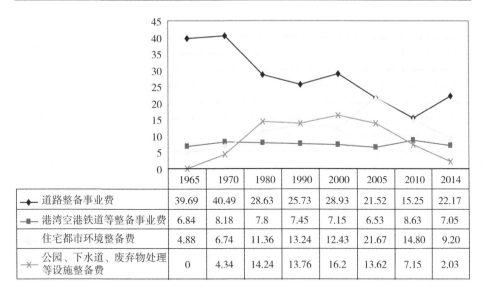

	1965	1970	1980	1990	2000	2005	2010	2014
◆ 道路整备事业费	39.69	40.49	28.63	25.73	28.93	21.52	15.25	22.17
■ 港湾空港铁道等整备事业费	6.84	8.18	7.8	7.45	7.15	6.53	8.63	7.05
住宅都市环境整备费	4.88	6.74	11.36	13.24	12.43	21.67	14.80	9.20
✱ 公园、下水道、废弃物处理等设施整备费	0	4.34	14.24	13.76	16.2	13.62	7.15	2.03

图 2-28 1965~2014 年日本一般会计中公共事业费的部分使用方向① (%)

资料来源：根据日本总务省统计局，《日本的统计 2015》计算。

善的资金逐年上升，尤其是在 70 年代，提升了 13.1 个百分点，达到 47.4%，接近全部财政投资额的 50%。

表 2-2 1953~1981 年财政投融资的用途构成 (%)

	1953~1955 年	1956~1960 年	1961~1965 年	1966~1970 年	1971~1975 年	1976~1981 年
基础产业	23.6	16.6	9.9	6.3	3.7	2.9
贸易经济协作	2.8	4.3	7.9	10.4	8.8	6.4
地域开发	5.7	9.0	7.5	4.6	4.7	2.6
产业基础设施	26.4	21.6	26.1	24.3	23.2	18.1

---

① 注：2014 年为预算值，其他各年份为决算值。"港湾空港铁道等整备事业费" 2000 年前为 "港湾渔港空港整备事业费"，"住宅都市环境整备费" 1990 年前为 "住宅对策费"，1995~2000 年为 "住宅街道对策事业费"，"公园、下水道、废弃物处理等设施整备费" 在 2000 年前为 "下水道和环境卫生等设施费"，2005 年为 "下水道和废弃物等设施整备费"。

续表

	1953～1955 年	1956～1960 年	1961～1965 年	1966～1970 年	1971～1975 年	1976～1981 年
低生产部门的现代化	18.6	20.9	19.0	20.1	19.6	22.6
生活改善	22.9	27.6	29.6	34.3	41.0	47.4

资料来源：霍强，《日本的财政投融资制度及其对中国的借鉴意义》，中国人民大学博士论文，1998 年，第 68 页。转引自陈共、宋兴义著《日本财政政策》，中国财政经济出版社，2007 年，第 162 页。

因此，政府对增加生活基础设施提出了具体的建设规划。以都市公园为例，建设省制定了都市公园整备五年计划（1991～1995 年），计划将东京人均公园面积扩大到 7.2 平方米，比上一个公园整备五年计划投资额增加一倍。再如养老方面，日本从 1990 年度开始实施《高龄者保健福利 10 年战略》[①]，修建了大量老年公寓、老年活动室、老人医院等基础服务设施。

为进一步提高生活设施水平，1990 年日本制定了《公共投资基本计划（1991～2000）》（见附录 1），政府计划投在生活、文化设施的比率占投资总额的 60%[②]，更加向生活领域倾斜。在 1994 年和 1996 年，日本又颁布了两次《公共投资基本计划》，对生活相关领域的投资均在 60% 以上。

（二）支持过剩部门报废设备，促进产业转型升级

在高速发展时期，日本经济的快速发展伴随着政府和民间投资的大规模增长。政府一方面持续大规模地投入道路、港口、通讯等基础设施建设，为重点产业发展提供配套和支持，另一方面也用利率、租税等政策大力鼓励私人企业投资。这些措施促进了日本钢铁、机械等领域民间投资的大规模兴起，

[①] 即著名的"黄金计划"，目标是在十年间培养 10 万名家庭护理人员，修建老年人短期入住设施 5 万处，家庭护理中心 1 万处等，特别养护设施 24 万处，老人保健施设 28 万处等，并要求相关护理设施在所有市町村普及。

[②] ［日］周刊《东洋经济》1990 年 12 月 14 日，第 47 页。转引自杨书臣，《日本投资管理》，第 42 页。

出现了"投资呼唤投资"的高潮局面①。

20世纪70年代后，内外需求不足、前期投资过高带来了日本部分工业部门的产能过剩。政府为实现产量调整和促进私人企业设备现代化，推行了"报废过剩设备"政策，政府出资买下被指定的过剩设备并实行报废处理，而相关私人企业可将过剩设备得到的资金用于企业设备的更新改造。

1978年，日本政府制定《特定萧条产业安定临时措施法》②，明确规定平电炉、炼铝、纤维、造船、化肥等14个产业为特定萧条产业，通过向这些产业提供财政补贴、减免税收、低息贷款等方式引导其缩小设备投资规模、调整设备投资方向，以实现减产、转产和停产③。特点包括：第一，主管大臣制定法律，确定一个行业的设备报废规模；第二，设立"特定萧条产业信用基金"，为处理过剩设备借款提供债务担保，保证能力为1000亿日元；对按计划淘汰落后设备的企业提供优惠利率贷款；采用特别折旧制度、即允许企业把一部分利润作为固定资产折旧摊入成本以降低税收负担；对淘汰设备造成的失业人员给予救济；第三，允许组织"萧条卡特尔"，因供求明显失调、商品价格降到平均生产费用以下的特定产业的经营者可以缔结有关限制产量、销售量的垄断组织。

到1983年4月，特定萧条产业安定临时法废止后，日本又出台《特定产业结构改善临时措施法》，进一步追加了发放各种补贴和优惠税制等措施。该法案规定，以1988年6月30日为限，对高炉、热间压延设备、棉纱等精纺机、尼龙长纤维和聚酯长纤维等纺纱机、铜熔矿炉等13种特定设备，限期进行较大规模的调整。此外，在矿业、海运业也同时进行生产体制的集约化和限期处理过剩设备④。

---

① 陈共、宋兴义，《日本财政政策》，中国财政经济出版社，2007年，第120页。
② 日本政府还颁布了《特定萧条产业离职者临时措施法》《特定萧条地区离职者临时措施法》《特定萧条地区中小企业对策临时措施法》等配套法案，协助解决过剩部门的就业等问题。
③ 杨书臣，《日本投资管理》，经济管理出版社，1992年，第242页。
④ 杨书臣，《日本投资管理》，经济管理出版社，1992年，第56页。

这些政策对处理过剩产能、提高日本企业竞争力有较好的效果。据日本经济企划厅调查局"关于 1986 年度企业行动的调查"表明：随着产业结构调整的进行，日本政府实施大规模的产业结构合理化计划，石油、钢铁、造船等许多部门正在被缩减近 20% 的规模。同时，日本的劳动生产率增长速度也高于美、英、德等国家①。

（三）促进区域平衡发展，扩大中小城市投资

二战后至 20 世纪 70 年代，日本人口向大城市聚集的趋势非常明显。据世界银行统计，日本在大城市（超过 100 万人的城市）聚集人口占所有人口的比重由 1960 年的 40.56% 迅速上升至 1970 年的 51.84%，在十年间上升了10 个百分点。同时，根据 Shapira 等（1994）的统计，1955～1970 年向东京、大阪和名古屋三个城市的移民人数每年在 30 万人以上，个别年份还超过 60万人。这种趋势给特大城市的资源和环境承载能力带来了巨大的压力，也不利于日本各区域的平衡发展。

因此，在 20 世纪 70 年代，日本政府将振兴地方经济和纠正地区差别作为政策的重要目标之一。按人均政府投资额衡量，1969 年大城市圈（关东、近畿和中部）和地方圈的所占比率为分别 60.3% 和 39.7%；而到了 1979 年，大城市和地方圈的政府投资比重变为 51.6% 和 48.4%。从政府投资占县民所得的比重来看，大城市占 7% 左右，而地方圈占 10% 以上，在 1978 年达到14%（见图 2-29）。

日本政府投资促进区域分散化发展的具体措施包括：第一，加强交通、通信等基础设施建设，促进地区间的互联互通。在日本 1969 年 5 月制订的"新全国综合开发计划"中，提出对日本列岛全域有波及效应的新网络，如信息通讯网、新干线铁路网、高速公路网、航空网、大型港口等进行建设。1977 年，日本进一步提出建立全国性的交通网络和通信网络，带动中小城市

---

① 麦迪逊，《世界经济千年史》，伍晓鹰等译，北京大学出版社，2003 年，第 349 页。转引自陈共、宋兴义，《日本财政政策》，中国财政经济出版社，2007 年，第 177 页。

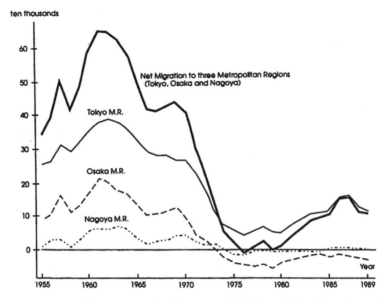

图 2-29 1955~1989 年日本向东京、大阪和名古屋的移民人数

资料来源：Shapira, Masser, and Edgington. Planning for cities and regions in Japan. Vol. 1.

的发展。

第二，完善生活基础设施建设，优化中小城市的居住环境。1977 年，日本政府提出要逐步把中小城市的生活水平提高到与大城市相当的水平。计划把改善居住环境作为重点，从协调自然环境、生产环境、生活环境三要素出发，通过在日本全国建立 200~300 个"定居圈"，创造一个人类与自然协调的、具有安稳和舒适感觉的综合性居住环境。

第三，推动中小城市产业发展，重视产城融合。日本政府认为，只有在小城市积极扶持原有工业、并振兴新型产业才有可能彻底解决城市问题、缩小城市差别。同时，日本政府又提出了建设"技术密集型城市"的设想，即把航天、工业用机器人等尖端技术工业作为地方的核心产业加以大力发展，设立与之相关的高等院校和科研机构，科学地安排工业区、教育科研区、生活区的规划建设，使之成为三者有机结合的地方城市。1961~1998 年 1 月，全国共指定了 91 个工业发展地区，总人口为 1387 万人，总面积为 7.46 万平方公里，分别占全国的 9.2% 和 19.7%，区域均衡发展取得明显成效。

（四）加大环境生态投资，注重自然灾害防治

在高速发展时期日本大力推动的重化工业，带来了严重的环境污染问题。在 20 世纪 70 年代初"四大公害病"[1] 事件后，公众的环保意识逐渐觉醒。为满足公众对环境保护的诉求，政府加大了环境相关的投资。1994 年日本政府实施《环境基本计划》之后，环保投资占 GNP 的比重一直保持在 1.6% 以上[2]。

政府投资中，环境和生态保护方面的投资主要体现在治山治水费、住宅都市环境整备费、公园下水道和废弃物处理设施整备费等方面（见表 2-3）。其中治山治水投资占总投资的比重长期保持在 15%~16% 的水平，而都市环境和废弃物处理等的投资由 1970 年的 7% 以下迅速上升至 11% 以上，且总体呈稳步上升态势。

表 2-2　1965~2000 年日本政府的环境相关投资占公共事业费的比重（%）

财政年度	治山治水对策事业费	住宅都市环境整备费	公园、下水道、废弃物处理等设施整备费
1965	15.44	4.88	-
1970	16.33	6.74	4.34
1980	16.22	11.36	14.24
1990	15.57	13.24	13.76
2000	15.47	12.43	16.2

资料来源：根据日本总务省统计局数据计算。

---

[1]　即镉中毒引起的富山县神通川流域的疼痛病，硫化物引起的三重县哮喘病以及汞中毒引起的新潟县水俣病和熊本县水俣病。

[2]　唐在富，《日本的水环境保护》，社会科学报 2001 年 6 月 23 日。

在 1993 年出台的《环境基本法》中，明确规定对于地方政府用于制定和实施环境保护政策的费用，国家应努力采取必要的措施协助，且中央和地方对每项环境保护措施都应互相协助。例如在神奈川县的相模原市北部修建垃圾处理厂，总投资 128 亿日元，此种国家财政补助 43 亿日元，县政府补助 2 亿日元，相模原市承担剩下建设费用及运行费用。《公共投资基本计划（1991-2000）》也对环境保护方面的投资做出了安排。一方面，加强对人与自然和谐共处方面的设施建设，重点推进"接触大自然"自然公园、森林、海域等设施的完善，在港湾、渔港、河川、海岸等地建设亲水绿地、亲水护岸和滨海整备等；另一方面，要注重山地灾害、洪水、海岸侵蚀等自然灾害的防治，整备治山、治水、防沙、山体滑坡、海岸保全等设施，创造优质的环境。

三、日本 20 世纪 70 年代的政府投资方式

相比于高速增长时期，增速放缓时期的日本政府投资方式没有发生大的变化，但面临经济增速下降、债务压力上升，再加上全球经济陷入滞涨、外部市场需求不足的形势，日本在增速放缓时期的政府投资具有更注重反萧条、增内需的目标。因此，该时期的日本政府更多采用刺激企业投资需求、拉动经济恢复的方式。

（一）政府资金安排的主要方式

1. 在公益性领域设立"政府投资平台"，提供公共品

在日本，政府通过直接投资、资本金注入等方式设立"政府投资平台"，投资各类公益性和准公益性行业。根据投资对象和企业性质的不同，可分为以下几类：

一是地方公营企业，是地方政府为增进居民福利而经营的企业，但不具有独立于地方政府之外的法人资格。根据《地方财政法》第 6 条规定：地方公营企业主要从事水利、工业用水、交通、电力、燃气、简易自来水、港湾

建设、医院、市场、畜牧业、观光设施、宅基地开发、公共下水道等 13 个领域。

二是独立行政法人，与地方公营企业不同，"独立行政法人"拥有与地方政府相对独立的法人资格，用以承担事务或事业，目的是提供高效的行政服务。独立行政法人的业务范围主要包括：经营地方公营企业所从事的事业、试验研究、大学的设置与管理、社会福利事业（特别是老年福利院、保育院、家政服务等）等。

三是"地方三公社"，指依据各相关法律由地方政府全额出资设立的独立法人，包括：地方住宅供给公社、地方道路公社和土地开发公社。

四是"第三部门"，是地方政府和民间资本共同出资的法人，业务范围主要涉及教育、文化、农林水产、社会福利、医疗保健、观光、休闲、农林水产、工商业、道路运输等多个领域。

2. 在竞争性领域运用多种手段，促进企业投资

经济增速放缓时期，日本面临着产能过剩、生产成本增加、金融泡沫膨胀、实体投资欲望不足的困境，因此在产业结构调整的框架下促进和带动民间投资，成为这一时期日本政府投资的重要目标。具体而言，政府投资促进私人企业投资主要包括以下方式：

第一，直接补贴。比如为带动企业进行研发投资，政府为企业提供直接的 R&D 补贴和委托拨款，这种补助占日本全社会总研发费的 15% 以上，最高年份达到 60%。再如日本政府加大对高新产业研究开发的补贴和支持，根据 1968 年的"国际竞争能力制度"和 1972 年建立"保护扶持产业"，在 1972～1976 年对计算机产业给予政策性补贴达到 716.22 亿日元①。此外，70 年代还重点对能源技术研究开发进行补助。

第二，低息贷款。日本主要通过政策性金融机构，为特定类型的企业提

---

① ［日］通商产业政策史编纂委员会，《日本通商产业政策史》第 1 卷，中国青年出版社，1994年，第 494 页。转引自陈共、宋兴义，《日本财政政策》，中国财政经济出版社，2007 年，第 176 页。

供低息贷款，而政府补贴利息差额。以对中小企业的支持为例，二战以后，日本政府相继成立了三个由其直接控制和出资的专门为中小企业服务的金融机构，并利用财政资金对中小企业进行资金融通。这些金融机构对中小企业的贷款一般利率较低、期限较长、担保要求较松。如中小企业金融公库和国民金融公库对中小企业的贷款分为一般贷款和特别贷款两种。一般贷款在条件上比民间银行优惠，特别贷款则是为扶持振兴尖端技术和中小企业现代化而发放的更为优惠的贷款。

第三，基金投资。日本政府也通过设立引导基金的方式来促进民间投资。与美国的信用担保和以色列的母基金模式不同，日本政府的基金投资是参股基金模式，即由政府出资，由特定的管理机构负责管理相关资金，直接以参股方式设立相应的产业投资基金，形成"政府—管理机构—产业投资基金"的格局。

（二）政府资金与社会资本合作的主要方式

1. 利用"第三部门"进行公私合营，提高投资效率

20世纪70年代后，一方面日本政府面临着经济不景气、财政收入下降的困境，另一方面随着人口结构老龄化的趋势和区域发展分散化的要求，政府还需迎接公共投资需求上升的挑战，引入民间投资的活力成为这一时期日本公共投资的一个重要内容。

在这一时期出现了大量政府与社会资本合作的公共工程。从方式来看，一方面政府鼓励民间部门参与投资，并在放宽规定、优惠税制、金融政策、补助金方面提供优惠条件，另一方面日本政府与民间共同出资成立新的法人单位来进行投资，称为"第三部门"①。其目的是公共领域既保持一定的公益性，促进社会公共事业发展，又引进民营企业的经营方法和资金，减少政府

---

① 注：在日本，将民间企业称为"第一部门"，将公共企业称为"第二部门"，而将官民共同出资兴办的企业称为"第三部门"。该"第三部门"与欧美国家所指的 NGO 行业不同，更类似于如今的 PPP 概念。

的财政负担。

根据投资方向的不同，"第三部门"有两类：一是民法法人，不以营利为目的，主要以经营教育、文化、农林水产、社会福利、医疗保健为多；二是商法法人，原则上是以追求利益最大化为目的，在其范围内接受地方政府的干预，所经营业务涉及观光、休闲、农林水产、工商业、道路运输等多个领域。第三部门的数量在 20 世纪 80 年代后期迅速增加，并在投资地方基础设施领域发挥了重要作用。

2. 运用财政投融资手段，综合利用政府和社会资金

财政投融资制度是日本综合运用政府和民间资金的一种独特方式，在日本被称为"第二预算"。它主要是政府将用信用活动积聚起来的邮政储蓄存款和部分公有资金集中起来，通过贷款或购买债券等有偿使用资金的方式，服务于政府调控经济、支持国家地方财政、促进产业发展和公共事业等公共目标。

从操作方式来看，财政投融资手段的运用有以下特点：第一，使用前制定年度预算。财政投融资计划与每年的预算制定同时进行，其主要资本作为预算的一部分，其投资对象、规模和分类必须经过国会的审议通过才能最后实行。

第二，使用时须经过审查批准。资金运用部的资金由大藏大臣管理和运用，在资金运用部特别会计的岁入岁出预算之外单独管理。在运用这笔资金时，要经过资金运用审议会审查批准，并要以确实有利的方法用于增进公共利益。

第三，由融资特别会计和政策性金融机构共同完成。融资特别会计以邮政储蓄以及各种保险等形式，对政策性金融机构和特殊法人投放贷款，对政策性金融机构担负起母体"银行"的责任。政府性金融机构在借款中优先考虑政策目的，只对民间金融机构因资金不足、害怕风险和收益不大而不愿提供贷款的领域进行贷款，而且利率较低。

从投资对象看，日本财政投融资的运用重点具有阶段性：在战后复兴时期，为增强基础产业的生产能力和振兴出口，财政投融资对重建经济作出了重大贡献；在经济高速增长时期，财政投融资在重点提供产业资金的同时，还与民间金融机构组成"协调融资团"，将民间资金引导到与政策目的相一致的方向。进入 20 世纪 80 年代，财政投融资逐渐将重点转移到改善生活环境、防止公害、重新开发大城市、开发地方、保证资源和能源的稳定等方面①。

四、对日本政府投资的评价及对我国的政策建议

（一）对日市政府投资的评价

1. 产业结构调整和提高人民福利的目标：基本实现

随着经济发展的不同阶段、技术水平的提高和全球经济形势的变化，日本政府投资重点也不断变化。在产业方面，日本政府投资支持的重点从重化工业、机械工业等重工业，到计算机等技术密集型工业，以及环保、节能等能源产业，日本形成了较为合理的产业结构，电子、科技产品的技术优势世界领先。而在提高人民生活福利方面，政府投资通过扩大生活基础设施建设、完善社会资本和服务的方式，增加了内需，减少了经济对出口的依赖。因此，从产业结构调整和提高人民生活福利的角度来看，日本政府投资的引导和促进作用较为成功。

2. 反萧条的目标：先有效后失效

日本在战后的政府投资一直具有反周期和反萧条的特点。从投资规模来看，财政支出中的公共事业费和财政投融资的增长率与经济的实际增长率呈现此消彼长的关系。而在 20 世纪 90 年代后，日本政府密集出台了大量刺激政策来促进经济发展，包括多次、大规模地扩大政府投资。

---

① 谭兴民，《日本财政投融资研究及对我国的借鉴》，经济研究参考，1992 年第 25 期。

但从效果来看，政府投资在日本战后至20世纪80年代中期的效果较为明显。在西方经济体的滞胀时期，日本4%～5%的经济增长速度也明显好于欧美国家的表现。但在20世纪90年代后，大量政府投资政策并未使经济走出萧条的困境，日本仍陷入"失落的十年"，低速增长一直持续到21世纪。

3. 可持续和抗风险的目标：未实现

如今日本公共债务与GDP的比重长期居世界第一，这种高额债务格局就开始形成于20世纪70年代。随着石油冲击带来的经济增速放缓，以及国际收支赤字和物价上涨，1975年起日本开始放弃财政平衡，补充发行赤字国债。开始走向负债财政的道路。到1985年时，偿付国债支出成为一般会计支出的最大项目，给财政和市场带来了巨大压力。尽管20世纪80年代日本通过"财政重建"使负债情况有所好转，但90年代陷入的萧条和不断推出的刺激政策使日本的债务负担迅速累积，使日本的国债余额占GDP百分比迅速上升，今已超过200%。而这种过高的政府债务规模，大大影响了日本政府投资的可持续性和抗风险性。

（二）对高质量发展阶段我国政府投资的启示

一是确立长期投资重点，制定中长期政府投资规划。当前，我国在高质量发展阶段，政府投资仍然非常有必要，但必须避免对短期需求的盲目拉动。应制定5～10年的中长期政府投资规划，有计划地对提高经济长期竞争力、提升居民福利的重点领域安排资金，防止出现如日本20世纪90年代"为投资而投资"、投资项目未与市场需求进行有效匹配的情况。同时，应在制定计划时充分考虑财政收入的变动趋势和债务偿还能力，合理安排投资总量，避免对债务过分依赖，防范债务风险。

二是关注民生领域，加强对生活设施、环保节能和中小城市的投资力度。加强对民生、环境、中小城市相关的基础设施建设不仅有利于提高人民生活福利，也有利于扩大消费内需、促进经济增长。我国在新常态下，应借鉴日本的经验，将政府投资的重点由服务生产转为便利生活、环境优先、多级分散。具体而言，进一步加强城市管网、排水防涝、消防、交通、生态园林、污水和垃圾处理等与生活密切相关的基础设施，加强老旧基础设施改造，保障城市基础设施和公共服务设施供给，提高设施的建设质量、运营标准和管理水平。同时应保证在环保、节能、低碳领域的公共投资力度，充分重视自然生态环境和城市生活环境，注重对资源的保护，实现可持续发展。此外，若想避免因人口在特大城市带来的资源短缺、环境恶化、交通拥堵等问题，应加强对中小城市的城市基础设施投资，引导农民就近、就地城镇化，实现区域平衡发展。

三是用政府投资引导过剩产能转型，促进产业转型升级。对于过剩产能，可借鉴日本政府投资政策经验，取消对过剩产能的补贴，以贴息、减税、奖金等方式鼓励过剩产能企业的节能、转型、"走出去"。设立过剩产能信用基金，帮助企业处理过剩设备，引导企业调整投资方向、帮助中小企业渡过难关。同时完善就业安置、土地管理和信贷指导等配套措施，配合实现产业结构调整目标。

四是以多种方式引导和促进民间投资，提高效率、激发活力。当前，我国也面临着公共项目的民间投资不高、实体经济投资增速下滑等局面。因此，应借鉴日本吸引和促进民间投资的经验，一方面相关的金融和税收优惠条件，吸引社会资本与政府资金共同投资，或以设立混合所有制企业的形式，承担相关的投资任务；另一方面，用贷款贴息、直接补贴、税收优惠、利率调整、窗口指导等方式促进民间企业投资于实体部门，尤其是制造和高新技术产业，以避免金融泡沫的过度膨胀，巩固经济的基础，提高国家的竞争力。

第三章　投资效率的国际比较

第一节　投资经济效益的国际比较

一、投资与经济增长关系的衡量方式

（一）增量资本产出率

从投资与增长的关系研究投资效率，其中被广泛使用的指标是增量资本产出率（Incremental capital output ratio，ICOR）。它是资本边际产出的倒数，即资本变动量与产出变动量之比，表示为：

$$ICOR = \frac{\triangle K}{\triangle Y} = \frac{I}{\triangle Y}$$

其中 K 表示资本，Y 表示产出，I 代表当年投资，视为当年资本存量的变动。直观来看，ICOR 值越小说明了资本的边际产出越高，资本的利用更有效率。

（二）投资与投资贡献率

需要说明的是，另外有两个指标也体现着投资与经济总产出的关系。一是投资率，用投资在 GDP 中的比重（K/Y）表示。有些文献简单用投资率

来衡量我国的投资效率，但实际上，固定资本形成作为支出法 GDP 的一部分，只能反映投资与经济总量之间的比例关系，并不说明投资对增长的作用。

张军（2002）将产出的增长率进行分解：

$$g_y = \alpha * g_l + (1 - \alpha) * g_k + e$$

则有：$g(Y/L) = \left(\dfrac{1 - \alpha}{\alpha}\right) g(K/Y) + \left(\dfrac{1}{\alpha}\right) e$

此时"人均产出的增长率可以分解成资本—产出比增长率和技术增长率之和"。尽管此时投资率（资本—产出比）与人均产出增长率建立起联系，但此模型中经济的增长还取决于全要素生产率（TFP）的增长，故投资率本身依旧无法衡量投资效率。此外，从国际经验来看（樊潇彦，2005），投资的高低与投资效率也无必然联系。

二是投资贡献率。其计算方式是投资增量与 GDP 增量的比例，用（$\triangle I / \triangle Y$）表示。由于它与 ICOR、投资效果系数等指标的计算方法类似，因此常被误认为是可以反映投资宏观效益的指标，甚至还形成投资贡献率越高、投资效益越好的认识误区。但实际上，投资贡献率并非越高越好，因为投资贡献率高，说明经济增长对投资的依赖较大；换句话说，投资贡献率越高，表示等量的产出增加需要更多的投资，这恰恰说明了投资的低效率。投资贡献率指标可以为衡量投资效率作为参考，但不采用它的原因有两点：一是本书希望考察全部投资而非增量投资的宏观效益，因此它的内涵与本书关注重点不符；二是该指标将增长的原因仅归结于投资，并不准确。

因此，ICOR 是国际常用的衡量投资效益的指标。如克鲁格（Kruger，1984）在论文中提到："国家之间在边际的资本—产出比率（ICORs）上的巨大差异表明，不同的贸易政策下存在着要么是要素的比例、要么是效率上的显著差别。1960~1973 年，韩国、新加坡和中国台湾地区的边际资本—产出比率在 1.7~2.5，与智利和印度的 5.5 和 5.7 形成了鲜明的对照。当巴西转变了其贸易战略之后，它的边际资本—产出比率从 1960~1966 年的 3.8 下降到了 1966~1973 年的 2.1。尽管对这些比率的变化可能存在着许多的原因，但是要素比例的差别以及出口商采用适当的要素密度来扩张生产的能力无疑是最重要的原因。"（张军，2005）

在讨论我国投资效率的文章中 ICOR，衡量产出的指标较为统一，都是 GDP。衡量投资的指标有三种：全社会固定资产投资额，支出法 GDP 中的"资本形成总额"和"固定资本形成总额"。这三者的区别在上文已有讨论，由于全社会固定资产投资统计口径偏小，且包括了购置土地和旧设备的投资，因此固定资产投资计算的 ICOR 值并不准确。而资本形成总额和固定资本形成总额的差额是存货的变动，由于存货投资反映的是现有生产能力的利用程度（张军，2005），因此严格来讲也不属于投资效益研究的范围。但由于存货投资在资本形成总额中所占比重较小，其他国家存货投资数据不易获得，因此使用资本形成计算 ICOR 也有一定道理。

此外，各文献为得到使用的平减指数的方式也不尽相同，采用过的方法有：国内生产总值指数、固定资本形成指数、居民消费价格指数和固定资产投资价格指数。其中前两项属于发展指数，分别是反映一定时期内 GDP、固定资本形成变动趋势和程度的相对数。后两类属于价格指数，分别是反映一定时期内城乡居民所购买的生活消费品和服务项目以及固定资产投资品及取费项目的价格变动趋势和程度的相对数。一般文献中，实际 GDP 都用国内生产总值指数进行计算，但实际投资的计算这 4 个指标都使用过。我们认为，固定资本形成指数用来计算实际投资是比较合理的；用固定资产价格指数来平减资本形成具有一定合理性，但存在误差，因为固定资产投资是资本形成的统计基础，但两者定义不同；而用 GDP 指数和 CPI 来调整投资数据是不合理的。

（三）投资对产出的拟合

另一种采用宏观统计值而非常直接的方法，是增加了控制变量后，用投资量对 GDP 进行回归，即通常采用的计量方法。其基本模型是常见的科布道格拉斯生产函数：

$$Y = A\,K^{\alpha}\,L^{\beta}$$

取对数进行线性化处理后，有：

$$\ln Y = \ln A + \alpha \ln K + \beta \ln L$$

变量的系数是资本和劳动对产出的弹性，α 越大代表着投资效率越高。

变量的系数是资本和劳动对产出的弹性，越大代表着投资效率越高。

投资对产出的拟合方式直观而简单，因此也被广泛使用。如庞明川（2007）在不考虑劳动力、仅用 GDP 总额和投资总额的对数进行回归，结论是 1980~1989 年系数为 0.75，1990~1999 年为 0.85，2000~2005 年为 0.6，说明我国的投资效率先增长后下降。而张学勇、何姣（2011）分析了 2000 年第 1 季度到 2010 年第 1 季度的数据，控制了就业人数的变量，资本和劳动的弹性系数分别为 0.767 和 0.67，说明资本比劳动对产出的影响更大。

张军（2005）也用拟合方法对不同角度的投资效率问题进行了分析。其基本结论是：第一，改革使中国投资的整体效率提高。从 1953~1970 年、1970~1987 年、1987~2001 年三个阶段来看，当采用全社会固定资本投资额作为投资变量时，第三阶段的系数大于第一阶段大于第二阶段；当使用张军和章元（2003）估算的资本存量作为投资变量时，三个阶段的系数逐步增加。若以 1978 年为时间节点作邹至庄检验，可发现改革的确使我国经济发生了结构性变化。第二，国用经济的投资效率整体低于非国有经济，不论资金类型是对国家预算、国内贷款还是利用外资，但对自筹资金的利用效率稍高。第三，从地区来看，东部投资效率最高、西部次之，而中部最低。

拟合方法投资对 GDP 的拟合可以增加其他控制变量，更加"纯粹"地考察了投资对 GDP 的作用，但以往研究中依旧有些缺陷：一是使用当年数据，没有体现投资的时滞性，故投资在之后几年发挥的作用无法体现；二是，很多文献中对数据没有做平稳性检验，因此可能存在单位根，而具有"伪回归"的可能性，并不完全反映真实的变量关系。为了使讨论更为集中，本书暂不研究投资对产出的拟合方法。

二、基于 ICOR 法计算的我国投资效益

基于以上讨论，本部分计算了我国的边际资本产出率（ICOR）。为了保证数据的可靠性，本书根据 1979~2011 年《中国统计年鉴》和世界银行数据库的信息分别对 ICOR 进行了测算。在使用我国统计局数据时，本书的处理方法是：第一，使用"1978 年 = 100"的国内生产总值指数对当年价格的 GDP 进行处理。第二，用支出法 GDP 资本形成中的固定资本形成作为当年价的投资。如上文分析，由于存货投资并不属于狭义的投资范畴，而固定资产投资的统计不准确，因此本文用固定资本形成作为投资量。第三，用《中国国内生产总值核算—历史资料（1952-2004）》中的固定资本形成指数来计算 1978~2004 年用 1978 年价格的实际投资。由于 2005 年后的固定资本形成指数没有官方数据，本书用 2004~2011 年的固定资产投资价格指数折算得到相同标准的投资。

同时，本书使用世界银行数据库中，以 2005 年不变价美元计算的 GDP 和固定资本形成总额两个序列对我国 1978~2011 年的 ICOR 进行了计算。经过比较（见图 3-1），可发现两项数据在 1983~2004 年几乎吻合，证明了数据的可靠性。在 2005 年后，根据我国统计局计算的 ICOR 值更大，这可能与替代使用的固定资产价格指数不够精确有关。为了保证数据在各国间可以比较，而且 2005 年之后的数据可能更准确，我们采用世界银行的数据作为计算 ICOR 的依据。

（一）1978 年以来我国投资效益的变化趋势

计算我国 1978~2012 年的 ICOR（见图 3-2），可以看出我国投资效益变化分为三个阶段：

第一阶段为 1978~1992 年。此时，我国的投资效益波动较明显，ICOR 平均值为 2.55。此阶段我国增量资本产出率较小，并不说明我国的投资效率

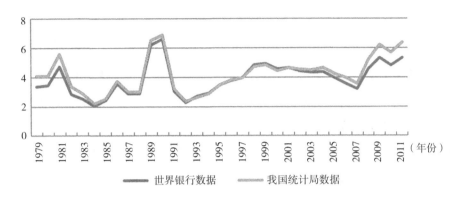

图 3-1　根据世界银行和我国统计局数据计算的 ICOR

较高，而更多原因是我国在改革开放初期经济发展水平较低，投资能力较为有限，因此每年资本形成较少。而此阶段在个别年份（1983、1990）年出现了 ICOR 的极大值，是因为这些年份的 GDP 增长较少，也体现了我国在计划经济时代经济系统的不稳定性。

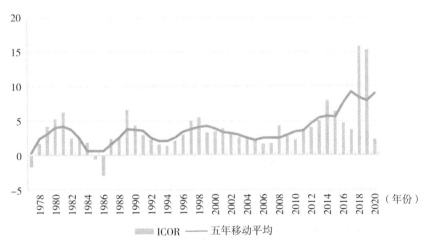

图 3-2　1978~2022 年我国的 ICOR 及五年移动平均值

第二阶段为 1993~2008 年。在此时期，我国的 ICOR 经历了先增后降的趋势，基本区间值是 3.0～5.0，ICOR 平均值为 2.88。可以看出，在 1992～2000 年，我国确立了市场经济地位之后，经济活力快速释放，经济增长速度和投资速度迅速加快，带来增量资本产出率逐年增加。2000～2007 年，随着我国加入 WTO，对外贸易规模迅速扩大，出口在 GDP 中的比重迅速增加，增量资本投资率有逐年缩小趋势，投资效益有所改善。

第三阶段为 2009 年之后，我国的 ICOR 明显上升，最高年份超过 10。2009～2021 年，ICOR 平均值达到 6.06。其中，2008～2015 年我国 ICOR 值持续升高，投资效益有所下降。2015～2018 年，我国投资效率有所改善，2018 年 ICOR 值仅为 3.76。2020 年后，受新冠疫情冲击等因素影响，我国 ICOR 值波动较大。

（二）考虑滞后效应的投资效率

此外，由于固定资产投资的建设周期较长，投资往往对经济增长的作用也是一个长期的过程，因此我们也将"滞后 1 年 ICOR"和"滞后 3 年 ICOR"作为参照的对象。我们的计算公式是：

滞后 1 年 ICOR ＝本年实际固定资本形成 / （下年实际 GDP－本年实际 GDP）

滞后三年的指标与此类似。从即期 ICOR 与滞后 ICOR 的比较来看（见图 3-3），可以发现滞后期的 ICOR 值明显低于即期的 ICOR，而且滞后年份越长，该数值越低，并且曲线更为平滑。这说明当年的投资对未来几年的经济增长都有作用，投资对长期增长的作用较为明显，且从长期增长的角度来看，我国的投资效率高于基于短期数据得出的投资效率。

三、我国投资效益的国际比较

接下来，为了对我国的投资效益有更直接的认识，我们对不同情况下的 ICOR 值进行国际比较。数据的来源是世界银行数据库，所有国家的数据都以 2015 年不变价本币进行计算，由于 ICOR 值波动较大，对于正负绝对值超过

图 3-3　1992~2021 年我国的 ICOR 及滞后期 ICOR

15 的 ICOR 值按 15 和-15 计算。

（一）与发达国家的比较

对比 1992~2021 年我国和欧美发达国家的投资效益可以发现，我国投资效益波动最小，美国投资效益相对平稳，而英国、德国等欧洲国家投资效益波动较大且经常为负值。从变化趋势看，2010 年前我国投资效益的总体上好于美国，而英国、德国和法国分别在 2001~2005 年、2006~2010 年 ICOR 均值为负。2011~2015 年，各国 ICOR 值均有所上升，投资效益都有恶化趋势，我国 ICOR 值比欧洲国家高，但比美国较低。2016 年以后，我国 ICOR 值明显高于欧美发达国家（见图 3-4、表 3-1）。

表 3-1　2001~2020 年我国与美国、英国、德国的 ICOR 平均值

年份	中国	美国	英国	法国	德国
2001~2005	3.22	5.18	-1.30	5.30	1.20
2006~2010	2.56	3.02	1.18	-0.90	-1.80
2011~2015	4.65	5.18	3.20	3.46	1.26
2016~2020	9.22	1.45	-6.48	1.23	-2.42

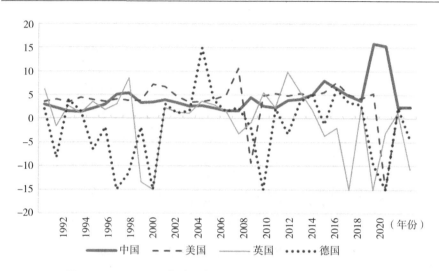

图 3-4　1992~2021 年我国与美国、英国、德国的 ICOR 值变化

与日本韩国相比，我国的 ICOR 值总体上比日本和韩国较高，说明投资效益与日本和韩国相比仍有差距。日本与韩国相比，投资效益波动更大并且经常为负，而韩国投资效益更为稳定（见图 3-5、表 3-2）。

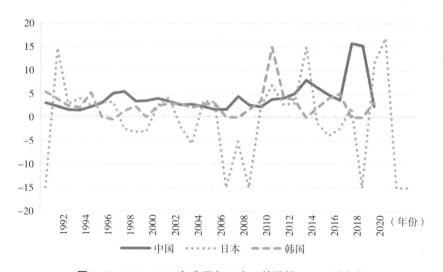

图 3-5　1992~2021 年我国与日本、韩国的 ICOR 值变化

表 3-2　2001~2020 年我国与日本、韩国的 ICOR 平均值

年份	中国	日本	韩国
2001~2005	3.22	-4.26	2.01
2006~2010	2.56	-9.25	1.48
2011~2015	4.65	6.71	5.36
2016~2020	9.22	-1.37	2.27

（二）与新兴国家的比较

1. 与金融危机前　东南亚国家 ICOR 的比较

将我国 1996~2011 年的 ICOR 与 1991~1996 年的东南亚各国进行比较，结果见表 3-3。可以发现，与上文结果类似，我国的增量资本产出率并未超出危机前各国的范围，因此投资效益并没有低于危机前的亚洲国家。从这个意义上讲，我国投资效益并没有恶化到会直接产生风险的地步。

表 3-3　我国与金融危机前东南亚国家 ICOR 的比较

时间	国家	平均 ICOR
2009~2021	中国	6.1
1991~1996	韩国	5.4
1991~1996	新加坡	3.8
1991~1996	泰国	6.9
1991~1996	印度尼西亚	3.6
1991~1996	马来西亚	4.1
1991~1996	菲律宾	9.0

2. 与新兴国家近期投资效益的比较

与印度、越南、墨西哥、印度尼西亚等新兴国家相比，1992~2021 年，我国的 ICOR 值总体上处于新兴国家中等水平（见图 3-6）。其中，印度、越南等国的 ICOR 值大于我国，墨西哥的 ICOR 值更为平稳，而印度尼西亚的

ICOR 值波动较大。从 5 年平均值看，2001~2010 年，我国投资效益与印度、越南、墨西哥等新兴国家的水平相似。2011~2015 年，我国投资效益好于印度、越南和墨西哥，而同期印度尼西亚投资效益为负。2016~2020 年，我国投资 ICOR 值明显高于其他新兴国家，投资效益有所恶化（见表 3-4）。

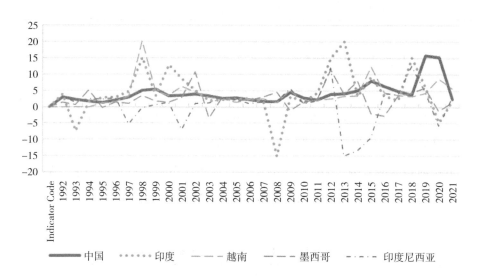

图 3-6　1992~2021 年我国与部分新兴国家的 ICOR 值变化

表 3-4　2001~2020 年我国与部分新兴国家的 ICOR 平均值

年份	中国	印度	越南	墨西哥	印度尼西亚
2001~2005	3.22	3.98	3.58	3.07	0.06
2006~2010	2.56	−1.19	2.55	2.07	2.27
2011~2015	4.65	10.39	4.73	4.78	−4.74
2016~2020	9.22	4.40	4.78	1.98	3.98

第二节　投资综合效益的国际比较

一、引言

长期以来，投资一方面为中国扩大生产规模、提高生产率创造了条件，促进了经济的高速增长；另一方面也推动中国基础设施、公共服务、社会保障水平等实现巨大改善，保障了经济社会的稳定运行和发展。如今，中国投资受到资金、环境、资源等方面的约束日益增多，科学测算并评价中国投资效率水平，找到影响投资效率的关键因素，对下一步提升中国投资效率有重要意义。

从已有研究看，国内外学者一般采用 AMSZ 法则、资本产出比、增量资本产出比（ICOR）、资本对产出的拟合系数等方法来测算投资效率。国际比较时，部分学者使用增量资本产出比衡量投资国别效率。例如，Vanek（1968）计算了各国增量资本产出比，并探讨了增量资本产出比与经济增长率的关系。雷辉（2009）通过资本产出比和增量资本产出比测算投资效率，得出了中国近年来宏观投资效率偏低的结论。但是这种方法仅能测算投资的对经济增长的效应，不能衡量投资带来的综合效益，即投资对促进高质量发展，带来经济增长、社会发展、民生改善的效果。另有部分学者引入随机前沿引力模型（SFA）、数据包络分析（DEA）等方法计算投资效率，但对投资效率的国别差异研究主要集中于比较中国对外投资不同国家的投资效率。例如，范兆斌和潘琳（2016）通过建立 SFA 对中国与 TPP 成员国的直接投资效率进行了测算并分析了影响投资效率的因素，得出中国对 TPP 成员国的直接投资效率较低，而成员国的商业管制、知识产权保护、金融自由化、财政支出、政府效率、贸易、网络安全监管七个方面的政策性因素对投资效率影响显著。季凯文和周吉（2018）通过建立 SFA 测算中国对"一带一路"沿线国家直接投资效率，并对其影响因素进行分析，认为中国对沿线国家的直接投资效率较低，且投资效率与东道国的经济自由度、政治稳定与政府效率、基础设施条件等因素相关。郭晓琼和蔡真（2019）通过 DEA 模型测算中国对上合组织成员国直接投资效率，并运用 Tobit 回归模型分析投资效率的影响因素，认为东道国破产办理和对投资者保护力度是影响投资效率的重要因素。霍林、蔡楚岸和黄俊杰（2021）通过超效率 DEA 模型测算了中国对东盟直接投资效率，并运用 Tobit 模型进一步分析了投资效率的影响因素，认为中国对新加坡等东盟六国的直接投资已达到有效状态，且基础设施、政治制度和资源禀赋与投资效率正相关。

可以看出，目前国内外文献对投资效率的国别差异研究较少，主要集中于更为微观的行业或者企业，没有对各经济体投资综合效率的发展规律和中国投资效率在全球的水平进行评价。本书将运用 DEA-Tobit 两阶段模型，首先按照新发展理念构建评价投资综合效率的指标体系，在用 DEA 模型分析全球不同收入国家投资效率变化规律的基础上，比较中国与其他国家投资效率的变化趋势和水平差异，并运用 Tobit 面板数据模型对投资效率的影响因素进行定量分析，对进一步提高中国投资效率提出政策建议。

二、研究方法

（一）模型原理

DEA（数据包络分析法）是一种非参数方法，用来测算测度对象多投入多产出情况下的相对效率。该方法由 Charnes、Cooper & Rhodes（1978）创立，利用线性规划构建有效率的凸性生产前沿边界，测算各决策单元距离前沿边界的距离，并以距离远近来识别各决策单元效率的高低。

根据规模报酬是否可变的假设，DEA 模型可以分为基于固定规模报酬的

CCR 模型（Charnes、Cooper and Rhodes，1978）和基于可变规模报酬的 BCC 模型（Banker、Charnes and Cooper，1984）。BCC 模型将 CCR 模型中得到的综合技术效率分解为纯技术效率和规模效率，从而考虑了规模报酬可变的状态。由于现实中的各国基础设施供给并未达到最优、规模报酬不变的生产状态，本书将同时计算规模报酬不变的 CCR 模型效率值和规模报酬可变的 BCC 模型效率值。DEA 方法分为投入导向和产出导向两种，由于关注如何在给定投入下实现产出的最大化，故采用产出导向的 BBC 模型。其基本计算方法是：

假定 DEA 模型有 n 个决策单元（DMU），每个单元有 m 项投入和 q 项产出，x_{ij} 和 y_{rj} 分别表示第 j 个决策单元的第 i 项投入和第 r 项产出，则该决策单元的效率值可从以下规划式中测算得出式（3-1）：

$$\max \phi$$

$$\text{s. t.} \sum_{j=1}^{n} \lambda_j x_{ij} \leq x_{ik}$$

$$\sum_{j=1}^{n} \lambda_j y_{rj} \geq \phi y_{rk}$$

$$\sum_{j=1}^{n} \lambda_j = 1 \tag{3-1}$$

$$\lambda \geq 0$$

$$i = 1, 2, \cdots, m; r = 1, 2, \cdots, q; j = 1, 2, \cdots, n$$

其中，ϕ 是一个标量，满足 $\phi \geq 1$，表示在当前技术水平下，被评价的 DMU 在不增加投入的条件下，产出所能增长的最大比例为 $\phi - 1$。当 $\phi > 1$，则说明决策单元没有达到效率前沿边界，则该决策单元是低效率的。当 $\phi = 1$，说明该决策单元位于效率前沿边界，则该决策单元是有效的。$\sum_{j=1}^{n} \lambda_j = 1$ 的假定为生产前沿增加了凸性限制，代表可变规模报酬。

从图形来看（见图 3-8），假定四个决策单元 A、B、C、D 分别有产出 X 和产出 Y。在不变规模报酬（CRS）下，直线 OO 为效率前沿面，四个点中仅 B 点是有效率的，点 A、C、D 是低效率的。而在可变规模报酬（VRS）下，效率前沿面为 A、B、C 点组成的曲线，即 A、B、C 三点是有效率的，D 点是低效率的，其产出技术效率为 YD/YH，该比值越大则技术效率越高。

此外，通过计算 CRS 和 VRS 模型，可以将技术效率（TE）分解成为纯技术效率（PTE）和规模效率（SE），即 SE=TE/PTE。反映在图形中，ID 表示了 D 点在 CRS 下的效率，DH 为纯技术效率，IH 为规模效率（见图 3-7）。

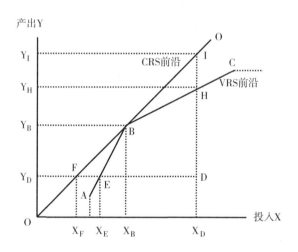

图 3-7 DEA 方法中决策单元的技术效率

一般而言，VRS 模型技术前沿面是一个分段线性函数。而在有些情况下，该曲线可能存在与坐标轴平行的情况，则会产生松弛问题，即低效率点在投影到前沿面后，仍存在一定的松弛改进空间，可以达到更优的产出值。而一般的一阶段 DEA 方法可能存在松弛变量值不完全的问题，本书将采用二阶段方法，即在规划式中加入投入和产出松弛变量 S- 和 S+，求出最优解。规划表达式为式（3-2）：

$$max\phi + \varepsilon \sum (s^- + s^+)$$

$$s.t. \sum_{j=1}^{n} \lambda_j x_{ij} + s_i^- = x_{ik}$$

$$\sum_{j=1}^{n} \lambda_j y_{rj} - s_i^+ = \phi y_{rk} \qquad (3-2)$$

$$\sum_{j=1}^{n} \lambda_j = 1$$

$$\lambda \geq 0; \, s_i^- \geq 0; \, s_i^+ \geq 0$$

$$i = 1, 2, \cdots, m; \, r = 1, 2, \cdots, q; \, j = 1, 2, \cdots, n$$

其中，ε 是一个常量，表示非阿基米德无穷小。具体操作方面，在第一阶段得出最优解 ϕ^*。再在第二阶段求解式（3-3）：

$$\max \sum (s^- + s^+)$$

$$\text{s. t.} \sum_{j=1}^{n} \lambda_j x_{ij} + s_i^- = x_{ik}$$

$$\sum_{j=1}^{n} \lambda_j y_{rj} - s_i^+ = \phi^* y_{rk} \qquad (3-3)$$

$$\sum_{j=1}^{n} \lambda_j = 1$$

$$\lambda \geq 0; \, s_i^- \geq 0; \, s_i^+ \geq 0$$

$$i = 1, 2, \cdots, m; \, r = 1, 2, \cdots, q; \, j = 1, 2, \cdots, n$$

（二）指标选取及数据来源

考虑到数据的完整性和可得性，投入变量方面，本书选取各经济体每年人均固定资本形成（百万美元，以 2015 年不变价衡量）度量一国资本投入。产出变量方面，本书主要考察投资带来的经济社会等综合效益。投资通过扩大总需求和生产产品，对即期消费和就业拉动存在积极影响。同时，考虑到新发展理念是中国发展进入新阶段、中国社会主要矛盾发生变化的必然要求，要贯彻到经济社会发展全过程和各领域，本书从综合、创新、绿色、协调、开放、共享和安全发展方面设置 8 个产出指标，分别是：人均消费总额（百万美元，以 2015 年不变价衡量）、就业率（%）、高科技出口占制成品出口的比重（%）、城镇化率（%）、可再生能源消费占比（%）、进出口总额占GDP 比重（%）、出生时的预期寿命（岁）、外部债务偿还总量占 GNI 比重的倒数（%）。具体投入和产出指标如表 3-5 所示。

表 3-5　数据包络分析法使用的投入和产出指标

	一级指标	二级指标	三级指标
投入指标	资本投入	固定资本形成	人均固定资本形成（百万美元，以 2015 年不变价美元衡量）
产出指标	综合指标	消费总量	人均消费总额（百万美元，以 2015 年不变价美元衡量）
		就业水平	就业率（%）
	创新发展	创新产出	高科技出口占制成品出口的比重（%）
	协调发展	城乡协调	城镇化率（%）
	绿色发展	能源可持续	可再生能源消费占比（%）
	开放发展	对外联系程度	进出口总额占 GDP 比重（%）
	共享发展	公共服务共享	出生时的预期寿命（岁）
	安全发展	经济安全	外部债务偿还总量占 GNI 比重的倒数（%）

注：为确保计算量纲统一，所有指标进行了标准化处理。

　　本部分数据均来源于世界银行 WDI 数据库。考虑到数据完整性和可比性，本书选择 2007~2021 年作为样本阶段，保留人口大于 1000 万的国家作为样本国家，共包括 84 个国家 15 年的 1260 个样本决策单元。样本国家包括 20 个高收入国家、19 个中高等收入国家、32 个中低等收入国家、13 个低收入国家[①]。

三、我国投资效率测算

（一）投资效率的一般性规律

　　根据以上投入和产出指标，运用两阶段 DEA 模型，计算 2007~2021 年 84 个国家每年投资的综合效率、纯技术效率和规模效率值，并按照不同收入

---

① 这里指按世界银行最新标准计算的国家数量，具体计算时按照当时世行标准统计。

组别进行了汇总分析，下文进行具体分析。

1. 投资效率的静态比较

首先观察各经济体投资效率的样本平均值和最新值。从 2007～2021 年的效率平均值看，可以发现以下特征：①投资综合效率的大小与发展阶段有关，随着经济发展水平提高，投资效率有下降趋势。可以看出，高收入、中高收入、中低收入国家和低收入国家的投资综合效率在 2007～2017 年均值分别为 0.829、0.964、0.976 和 0.989，2021 年分别为 0.810、0.959、0.981、0.987，收入越高的国家投资效率反而较低。②各国投资的纯技术效率均较高，与收入水平没有明显关系。高收入、中高收入、中低收入国家和低收入国家投资的纯投资效率在 2007～2017 年均值分别为 0.994、0.978、0.988、0.994，在 2021 年分别为 0.994、0.983、0.991、0.996，无明显特征。③投资规模效率随收入增加而下降，符合规模报酬递减规律。高收入、中高收入、中低收入国家和低收入国家投资的规模效率在 2007～2017 年均值分别为 0.834、0.986、0.988、0.995，在 2021 年分别为 0.815、0.976、0.990、0.991，呈现随收入增加而效率下降的特征。呈现随收入增加而效率下降的特征（见表 3-6、图 3-8）。

表 3-6　不同收入经济体的平均投资效率值

	2007~2021 年平均值			2021 年值		
	综合技术效率	纯技术效率	规模效率	综合技术效率	纯技术效率	规模效率
高收入国家	0.829	0.994	0.834	0.810	0.994	0.815
中高收入国家	0.964	0.978	0.986	0.959	0.983	0.976
中低收入国家	0.976	0.988	0.988	0.981	0.991	0.990
低收入国家	0.989	0.994	0.995	0.987	0.996	0.991

2. 投资效率的长期动态变化趋势

接下来观察各国投资效率的动态变化趋势。2007～2021 年，各国的投资

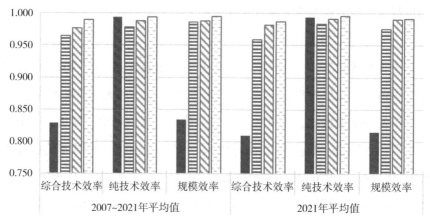

图 3-8 不同收入国家投资效率的静态比较

综合效率总体保持平稳（见图 3-9），世界平均的投资效率位于 0.92~0.95。从动态趋势看，低收入国家的投资效率呈缓慢上升趋势，由 2007 年的 0.95 上升至 0.99 左右，中低收入、中高收入国家的投资效率稳定在 0.95~0.98，高收入国家动态投资效率始终低于 0.9，并且波动幅度相对较大。从绝对水平看，2014 年以后，投资效率值和国家收入水平成反比，高收入国家的投资效率明显较低。

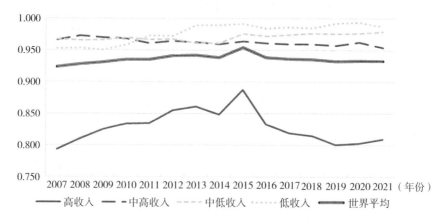

图 3-9 2007~2021 年不同收入国家投资效率的动态趋势

由于投资综合技术效率是对各国资源配置能力、使用效率等方面的综合衡量与评价，因而本部分仅观察各国投资综合技术效率的动态变化趋势。为研究投资效率在更长期的变化特征，我们计算了1970~2020年每10年不同收入组别国家的投资综合技术效率①（见图3-10）。可以看出，世界平均的投资综合技术效率在长期呈上升趋势，由20世纪70年代的0.85上升至21世纪20年代的0.93，但在2010年后上升趋势有所放缓。从不同收入组别国家看，低收入、中低收入和中高收入国家投资的综合技术效率都经历了上升过程，且效率水平相对较高，而高收入国家的投资综合技术效率呈波动状态，并且效率水平相对较低。

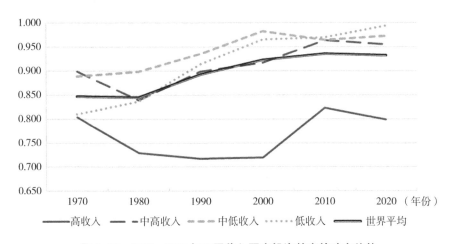

图3-10 1970~2020年不同收入国家投资效率的动态趋势

（二）我国投资效率的比较分析

1. 投资效率的静态比较

我们计算了84个国家2007~2021年的投资效率的平均值，中国的技术效率、纯技术效率和规模效率分别为0.889、0.982和0.805，处于中等偏下

---

① 2000年之前数据缺失值较多，部分数据在补缺后计算。下同。

水平，与世界平均水平的 0.936、0.988、0.948 相比较低。将 84 个国家的纯技术效率和规模效率做散点分布图（见图 3-11），可以发现大部分国家的纯技术效率集中在 0.96 以上，规模效率集中在 0.95 以上。一些主要国家点分散在图表边线，呈现纯技术效率和规模效率此消彼长的"一边高"状态，中国的投资效率值相对均衡，纯技术效率和规模效率均不高。纯技术效率方面，中国低于英国、美国、法国等发达国家，高于土耳其、印度尼西亚、俄罗斯等国；规模效率方面，中国低于墨西哥、南非等国收入偏低国家，高于欧美发达国家。

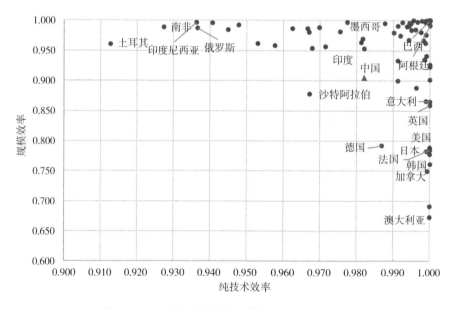

图 3-11 84 个国家投资的规模效率和纯技术效率

具体观察 G20① 国家的投资效率（见表 3-7）。可以看出，大部分高收入国家的纯技术效率较高、规模效率相对较低，中高收入国家的规模效率相对较高、但纯技术效率相对较低。比较中国与 G20 国家投资效率，结果如表 3-6

———————
① G20 经济体包含 19 个国家和欧盟。为确保一致性，本书仅在国家间对比，故包含 19 个国家。

所示。可以看出，中国投资综合技术效率、纯技术效率和规模效率在 19 个国家排名分别为 8、12、9，综合技术效率和规模效率在 G20 国家处于中等水平，纯技术效率排名相对靠后。其中，综合技术效率和规模效率低于巴西、阿根廷、南非等中高收入国家①，但高于英国、日本、美国等高收入国家；纯技术效率低于英国、美国、法国等国，但高于墨西哥、印度、俄罗斯等国。

表 3-7　G20 国家 2007~2021 年投资效率和排名情况

国家名称	综合技术效率		纯技术效率		规模效率		收入组别
	分值	排名	分值	排名	分值	排名	
意大利	0.865	10	1.000	1	0.865	11	高收入
英国	0.859	11	1.000	1	0.859	12	高收入
日本	0.786	13	1.000	1	0.786	14	高收入
美国	0.785	14	1.000	1	0.785	15	高收入
韩国	0.761	17	1.000	1	0.761	17	高收入
澳大利亚	0.673	19	1.000	1	0.673	19	高收入
加拿大	0.749	18	0.999	9	0.749	18	高收入
法国	0.782	15	0.999	10	0.783	16	高收入
德国	0.781	16	0.987	11	0.792	13	高收入
沙特阿拉伯	0.848	12	0.967	15	0.877	10	高收入
阿根廷	0.992	2	1.000	1	0.992	3	中高收入
巴西	0.998	1	1.000	8	0.998	1	中高收入
中国	0.889	8	0.982	12	0.905	9	中高收入
墨西哥	0.952	3	0.982	13	0.969	6	中高收入
俄罗斯	0.925	6	0.937	16	0.987	5	中高收入
印度尼西亚	0.933	4	0.936	17	0.997	2	中高收入
南非	0.917	7	0.927	18	0.989	4	中高收入
土耳其	0.877	9	0.913	19	0.960	7	中高收入
印度	0.929	5	0.971	14	0.957	8	低收入

---

① 印度作为低收入国家，仍处于规模报酬递增阶段（尚未达到产出的最优规模），因此规模效率和综合技术效率也较高。

2. 动态变化趋势比较

比较中国与英国、美国、法国、德国、日本和韩国六个高收入国家投资的综合技术效率的变化趋势（见图3-12）。从绝对水平看，2010年以前，中国经济处于高速发展和城镇化水平快速提升时期，经济社会各类产出指标增长较快，投资的综合技术效率接近1，明显高于6个高收入国家。2011年后，随着中国经济发展由高速转向中高速时期，加上外部环境变化、新冠肺炎疫情冲击等影响，投资的综合技术效率出现下降趋势，但在2021年仍高于6个高收入国家。从变化趋势看，中国投资的综合技术效率呈持续较快下降趋势，而美国、英国、法国、德国、日本和韩国6个高收入国家投资的综合技术效率变动趋势较为相似，都是在波动中有所下降。

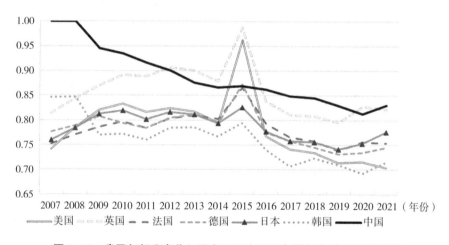

图3-12 我国与部分高收入国家2007~2021年的投资效率变化趋势

比较中国与部分中高收入国家投资效率的变化趋势（见图3-13）。可以发现，样本中的中高收入国家的投资效率呈平稳波动态势，仅有土耳其在波动中有下降，而我国在中高收入国家中投资效率下降较快，值得进一步关注。

考虑到发展阶段不同，投资综合技术效率的变化趋势可能有差异，我们计算了1970~2020年6个高收入国家投资的综合技术效率（图3-14）。可以

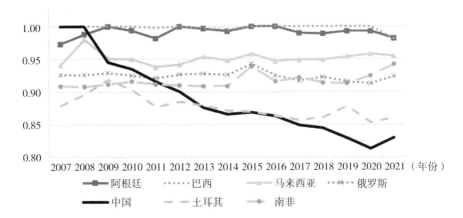

图 3-13 我国与部分中高收入国家 2007~2021 年的投资效率变化趋势

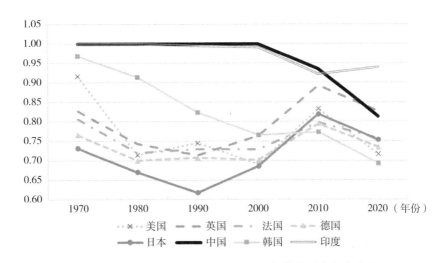

图 3-14 我国与部分国家 1970~2020 年投资效率变化趋势

发现，20 世纪七八十年代，美国、法国、德国投资的综合技术效率经历快速
下降阶段；英国、日本投资的综合技术效率下降趋势由 70 年代持续至 90 年
代，韩国投资的综合技术效率下降时间持续更长。进一步比较中国和韩国在
人均 GDP 相似阶段时的投资综合技术效率动态趋势，我们选取中国与韩国在
人均 GDP（2015 年不变价美元）处于 4000~12000 美元的阶段进行重点对比

（对应中国2007~2021年，韩国1981~1993年），可以发现，在中高收入向高收入国家跃升的阶段，中韩两国投资综合技术效率变动趋势较为接近（见图3-15）。

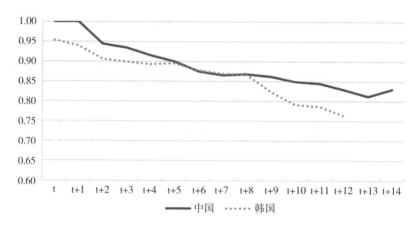

图3-15　我国与韩国在人均GDP相近阶段的投资效率变化趋势

四、投资效率的影响因素

（一）Tobit模型、变量与描述性统计

为进一步研究各国投资效率的差异，同时考虑到DEA模型计算的各个决策单元的投资效率取值在0~1之间，具有阶段的特征，本书运用DEA-Tobit两阶段模型对投资效率的影响因素进行分析。本书选取2007~2021年作为观测期，以由DEA模型测算的84个国家的效率值作为受限因变量，参照李冰和田世慧（2021）及霍林、蔡楚岸和黄俊杰（2021）的研究，分别从宏观经济和社会、风险以及技术三个方面分析投资效率的影响因素，模型设定的具体公式如式（3-4）所示：

$$TE_{it} = \beta_0 + \beta_1 X_{it} + \beta_2 R_{it} + \beta_3 T_{it} + \varepsilon_i$$

$$PTE_{it} = \beta_0 + \beta_1 X_{it} + \beta_2 R_{it} + \beta_3 T_{it} + \varepsilon_i \qquad (3-4)$$

$$SE_{it} = \beta_0 + \beta_1 X_{it} + \beta_2 R_{it} + \beta_3 T_{it} + \varepsilon_i$$

其中，TE_{it}、PTE_{it} 和 SE_{it} 分别代表第 i 国 t 年的综合技术效率、纯技术效率和规模效率，由 DEA 模型计算所得，X_{it} 代表一组宏观经济和社会变量，包括第 i 国 t 年的经济总量、人口规模、产业结构、基础设施水平和社会稳定程度；R_{it} 代表一组风险变量，包括第 i 国 t 年的通货膨胀水平和外汇储备水平；T_{it} 代表技术变量，表示第 i 国 t 年的人力资本水平。变量的相关说明如表 3-7 所示。

表 3-7　相关变量的定义、含义和来源

变量名称	变量符号	变量说明	数据来源
经济总量	GDP	该国 2010 年不变价美元衡量的 GDP 取对数	世界银行 WDI 数据库
人口规模	Pop	该国总人口数量取对数	世界银行 WDI 数据库
产业结构	V_ mfg	该国制造业增加值占 GDP 的百分比	世界银行 WDI 数据库
基础设施水平	Infra	该国基础设施水平评分	《全球竞争力报告》
社会稳定程度	Stability	该国政治稳定、无暴力和恐怖主义的评分	世界银行 WGI 数据库
通货膨胀水平	Inflation	该的 GDP 平减指数	世界银行 WDI 数据库
外汇储备水平	Reserves	该国外汇储备总规模取对数	世界银行 WDI 数据库
人力资本水平	Hc	该国劳动者受教育程度和教育回报水平评分	Penn World Table 10.01

宏观经济和社会方面，本书选取指标经济总量（GDP）、人口规模（Pop）、产业结构（V_ mfg）、基础设施水平（Infra）以及社会稳定程度（Stability）衡量。经济总量和人口规模这两个指标衡量了一国的市场规模，其中经济总量以 2010 年不变价美元衡量，在实证中，由于这两个指标的数据量级较大，对其进行了取对数处理。GDP 的预计符号为负，因为更高的 GDP 意味着该国经济发展水平更高，更可能处于产出的规模报酬递减阶段，对投资效率更可能产生负向影响。Pop 的预计符号为正，因为更高的人口规模意味着该国具有更大的潜在市场规模和收益，对投资效率有积极影响。产业结构，本文选取制造业增加值占 GDP 的百分比进行表示，预计符号为正，因为

更高的制造业增加值占比意味着该国在制造业领域具有更高的竞争力和发展潜力，有利于提高投入产出比。基础设施水平这一指标来自《全球竞争力报告》，是世界经济论坛发布的对各个经济体基础设施质量的评分，评分区间为1~7。该指标的预计符号为正，因为更高的基础设施水平说明该国的基础设施更完善，运输、通信成本更低，对投资效率有积极影响。社会稳定程度这一指标自世界银行的世界治理指数（WGI）数据库，是世界银行对一国政治稳定和不存在暴力、恐怖主义现象的打分，评分区间服从-2.5~2.5的标准正态分布。该项指标的预计符号为正，因为更高的社会稳定程度的评分意味着该国具有更稳定的政治和治安环境，有利于投资项目的顺利建设和运营，对投资效率有积极影响。

风险方面，本书选取指标通货膨胀水平（Inflation）和外汇储备水平（Reserves）衡量。通货膨胀水平指标和外汇储备水平指标均来自世界银行的WDI数据库。其中通货膨胀水平用年度GDP平减指数衡量，预计符号为负，因为严重的通货膨胀会产生投资风险，对投资效率有消极影响。而外汇储备水平指标，即国际收支平衡表中的储备与相关项目，由于其数据量级较大，在实证中，对其进行取对数处理①。该项指标的预计符号为正，因为一国的外汇储备水平越高，意味着在面临外部冲击时，该国具备更强的危机应对能力，对投资效率有积极影响。

技术方面，本书选取人力资源指数（Hc）衡量，该指标来自于Penn world Table（PWT10.01），是基于劳动者受教育年限和教育回报计算得出的指数，预计符号为正，因为一国的人力资源指数越高，劳动力素质越高，投入有可能更多地转为产出，对投资效率有积极影响。

宏观经济和社会、风险以及技术方面各变量经处理后的描述性统计如表3-8所示。外汇储备水平指标的标准差最大，2021年外汇储备最多的3个国

---

① 删除了储备及相关项目为负值的数据。

家分别是中国 (26.0)、美国 (25.5) 和印度 (25.0)，从分布上看，高收入国家外汇储备水平普遍较高且标准差较小，中高收入国家外汇储备水平的波动最大。通货膨胀水平指标个别国家个别年份出现了负值，表明该国当年处于通货紧缩的情况，除了津巴布韦和古巴等国在个别年份出现了严重的通货膨胀，大部分国家处于较为温和的通货膨胀状态。

表 3-8　相关变量的描述性统计①

变量名	样本观测值	均值	标准误	最小值	最大值
TE	1260	0.935	0.0858	0.640	1
PTE	1260	0.988	0.0218	0.897	1
SE	1260	0.947	0.0864	0.64	1
GDP	1260	25.66	1.878	21.55	30.65
Pop	1260	17.36	1.074	15.68	21.07
V_ mfg	1230	0.137	0.0602	0.00675	0.490
Infra	1110	4.051	1.377	−1.927	6.950
Stability	1230	−0.487	0.921	−3.313	1.275
Inflation	1260	0.0833	0.251	−0.302	6.049
Reserves	782	21.33	2.035	13.97	26.90
Hc	1170	2.475	0.703	1.152	3.836

（二）实证分析

1. 全样本的实证结果

本书从市场规模、产业结构、基础设施、社会稳定、通货膨胀、外汇储备、人力资本等方面，对 2007~2021 年 84 个国家投资的综合技术效率、纯技术效率以及规模效率的影响因素进行分析。由于因变量（效率值）位于 0~1，故采用 Tobit 模型进行回归，同时报告最小二乘法 (OLS) 的估计结果，按照是否加入风险变量和计数变量，设定了模型 (1) 至模型 (6)，回归结

---

① 个别缺失的数据使用线性插值法进行了补全。

果如表 3-9、3-10、3-11 所示。

表 3-9　综合技术效率的影响因素

变量	指标	模型（1）（Tobit）	模型（2）（OLS）	模型（3）（Tobit）	模型（4）（OLS）	模型（5）（Tobit）	模型（6）（OLS）
宏观经济社会变量	lgdp	-0.0537***	-0.0325***	-0.0729***	-0.0403***	-0.0865***	-0.0441***
		(-7.58)	(-12.35)	(-9.14)	(-12.45)	(-8.20)	(-11.03)
	lpop	0.0483***	0.0225***	0.0619***	0.0230***	0.0751***	0.0273***
		(4.20)	(6.64)	(4.95)	(5.72)	(5.31)	(5.88)
	V_mfg	0.0729	0.151***	0.108	0.0621	0.126	0.0757*
		(0.93)	(4.48)	(1.11)	(1.55)	(1.29)	(1.83)
	Infra	0.00345	-0.00690**	0.00953**	0.00520*	0.00688*	0.00734**
		(1.24)	(-2.65)	(2.96)	(-1.66)	(1.96)	(-2.24)
	Stability	0.00907*	-0.0136***	0.0116*	0.0195***	0.0122*	0.0208***
		(1.67)	(-4.11)	(1.80)	(-4.88)	(1.76)	(-4.98)
风险变量	Inflation			-0.0307	-0.0218	-0.0378	-0.00862
				(-0.89)	(0.65)	(-1.08)	(0.24)
	lreserves			0.00394**	0.00810***	0.00380**	0.00747***
				(2.78)	(5.09)	(2.63)	(4.61)
技术变量	Hc					0.0338*	0.0121*
						(1.90)	(1.73)
	Constant	1.481***	1.382***	1.632***	1.409***	1.680***	1.423***
		(10.52)	(42.08)	(10.76)	(36.44)	(10.80)	(35.03)
	观测值	1080	1080	690	690	667	667
	R2		0.492		0.572		0.580

注：括号内为 Z、T 统计量，***、**、* 分别代表 1%、5%、10%的显著性水平，下同。

表 3-10　纯技术效率的影响因素

变量	指标	模型（1）(Tobit)	模型（2）(OLS)	模型（3）(Tobit)	模型（4）(OLS)	模型（5）(Tobit)	模型（6）(OLS)
宏观经济社会变量	lpgdp	-0.00886**	-0.00391***	-0.00895**	-0.00283**	-0.0135***	-0.00463***
		(-2.20)	(-4.59)	(-2.81)	(-2.69)	(-3.69)	(-3.52)
	lpop	-0.00601	0.000884	-0.00512	-0.000680	-0.00307	-0.00125
		(-1.00)	(0.81)	(-0.99)	(-0.52)	(-0.71)	(0.82)
	V_mfg	0.0843**	-0.0469***	0.131***	0.0462***	0.145***	0.0492***
		(2.94)	(-4.30)	(3.68)	(-3.54)	(3.81)	(-3.63)
	Infra	0.00412***	0.00156*	0.00435***	0.00175*	0.00351**	0.00115
		(3.62)	(1.85)	(3.61)	(1.72)	(2.85)	(1.07)
	Stability	-0.0000170	0.00750***	0.000784	0.00487***	-0.000977	0.00446**
		(-0.01)	(7.01)	(0.36)	(3.75)	(-0.41)	(3.25)
风险变量	Inflation			0.00843	-0.0102	0.00611	-0.0158
				(0.62)	(-0.93)	(0.45)	(-1.37)
	lreserves			0.000253	0.000341	0.000167	0.000258
				(0.47)	(0.66)	(0.31)	(0.48)
技术变量	Hc					0.0130*	0.00568**
						(1.89)	(2.47)
	Constant	1.316***	1.076***	1.293***	1.069***	1.341***	1.072***
		(17.17)	(101.23)	(18.51)	(85.11)	(23.58)	(80.32)
	观测值	1080	1080	690	690	667	667
	R2		0.13		0.11		0.12

注：括号内为 Z、T 统计量，***、**、* 分别代表 1%、5%、10% 的显著性水平，下同。

表 3-11 规模效率的影响因素

变量	指标	模型（1）(Tobit)	模型（2）(OLS)	模型（3）(Tobit)	模型（4）(OLS)	模型（5）(Tobit)	模型（6）(OLS)
宏观经济社会变量	GDP	-0.0529***	-0.0299***	-0.0708***	-0.0376***	-0.0813***	-0.0397***
		(-7.42)	(-11.20)	(-9.02)	(-11.42)	(-7.85)	(-9.73)
	Pop	0.0533***	0.0225***	0.0666***	0.0237***	0.0771***	0.0261***
		(4.60)	(6.54)	(5.34)	(5.80)	(5.48)	(5.52)
	V_mfg	0.0395	0.197***	0.0308	0.108**	0.0477	0.124**
		(0.51)	(5.76)	(0.32)	(2.63)	(0.49)	(2.95)
	Infra	0.00450*	-0.00674**	0.00826**	-0.00698**	0.00636*	-0.00855**
		(1.70)	(-2.56)	(2.64)	(-2.18)	(1.85)	(-2.56)
	Stability	0.0106**	-0.0210***	0.0126**	-0.0242***	0.0138**	-0.0251***
		(1.99)	(-6.24)	(2.00)	(-5.95)	(2.01)	(-5.90)
风险变量	IInflation			-0.0392	0.0312	-0.0451	0.0233
				(-1.17)	(0.91)	(-1.33)	(0.65)
	Reserves			0.00375**	0.00775***	0.00367**	0.00720***
				(2.72)	(4.79)	(2.60)	(4.35)
技术变量	Hc					0.0246	0.00663
						(1.40)	(0.93)
	Constant	1.386***	1.317***	1.529***	1.343***	1.563***	1.354***
		(9.71)	(39.47)	(10.08)	(34.15)	(10.02)	(32.69)
	观测值	1080	1080	690	690	667	667
	R2		0.485		0.570		0.578

从各影响因素看，可得到如下结论：宏观经济与社会方面，经济总量（GDP）在各模型中均显著为负，说明在控制其他因素后，GDP 与三类投资效率具有显著的负向影响，表明很多国家目前处于规模不经济的发展阶段，投资效率随 GDP 提升而降低。人口规模（POP）指标对投资的综合技术效率和规模效率有显著正影响，对纯技术效率有负向影响但不显著，说明一国人口规模越多，其潜在市场规模和劳动力供给越多，更有利于实现投资项目的低投入和高产出，提高投资效率。社会稳定程度（Stability）指标对投资的综

合技术效率和规模效率有显著的正向影响，说明政府治理能力较强，社会和政治环境稳定有利于提高投资效率。产业结构（V_ mfg）指标对三类投资效率均有积极影响，对纯技术效率的影响显著，说明在生产过程中制造业创造的附加价值越多，越有助于促进技术进步。在控制了风险因素后，基础设施水平（Infra）指标在各模型中均显著为正，说明一国的交通、通信等基础设施建设越完善，相关的运输、信息传递等成本越低，有利于提高投资效率。

风险因素方面，通货膨胀水平（Inflation）指标对投资的三类效率影响均不显著，且对综合技术效率和规模效率的影响为负，说明保持稳定的物价水平和温和的通货膨胀，更有利于提高投资的规模效率。外汇储备水平（Reserves）指标对投资的三类效率有正向影响，对综合技术效率和规模效率的影响更为显著，说明外汇储备越多的国家应对外部冲击的能力越强，发生剧烈波动的风险越小，有助于提高投资效率。

技术因素方面，人力资本水平对投资的综合技术效率和纯技术效率均具有显著的正向影响，对规模效率影响不显著，说明人力资本水平越高的国家，其劳动力素质越高，有助于提高投入产出效率、促进技术进步

从综合技术效率、纯技术效率和规模效率的比较看，显著影响规模效率的指标对综合技术效率影响均显著，说明规模效率相比于纯技术效率对投资的综合技术效率的影响更大。其中，基础设施水平对三类效率有显著的正向影响，国内生产总值对三类效率有显著的负向影响；人力资本水平对纯技术效率和综合技术效率影响显著，对规模效率影响不显著；产业结构对纯技术效率影响显著，对规模效率影响不显著；人口规模、社会稳定程度以及外汇储备水平对规模效率和综合技术效率影响显著，对纯技术效率影响不显著。

2. 分组实证结果

为了进一步分析不同人口规模和不同收入水平的国家，其投资效率的影响因素是否相同，本书将样本中各国的人口规模和收入水平分别进行了分组，具体的分组标准如表 3-12 所示。

表 3-12 人口、收入分组标准①

人口规模（万）	国家组别	人均 GNI（美元）	国家组别
2000 以下	小规模人口国家	1085 以下	低收入国家
2000~5000	中等规模人口国家	1086~4255	中低收入国家
5000~10000	大规模人口国家	4256~13205	中高收入国家
10000 以上	超大规模人口国家	13205 以上	高收入国家

表 3-13、3-14、3-15 报告了三类投资效率在不同人口规模国家中的影响因素。综合来看，经济总量对于综合投资效率的影响在不同规模人口的国家中均显著为负，对于纯技术效率的影响，除在小规模人口国家不显著外，在其余人口规模国家中亦显著为负，说明产出的规模报酬递减情况在不同人口规模的国家中均普遍存在。此外，其他影响投资效率的指标在不同人口规模国家之间存在明显差异。

在小规模人口国家中，经济总量、人口规模、外汇储备以及人力资本水平指标对综合技术效率的影响仍旧显著，而显著影响纯技术效率的指标仅为人口规模和基础设施水平，与整体样本的回归结果相比，产业结构指标对综合技术效率的影响由不显著变为显著，且影响最大，说明在小规模人口国家中，宏观经济、风险和技术方面的因素均会显著影响综合技术效率，而制造业的有效发展最有助于小规模人口国家提升投资效率。

在中等规模人口国家中，显著影响综合技术效率和纯技术效率的因素仅为宏观经济与社会方面的因素，其中基础设施水平和社会稳定程度对投资效率的影响均显著为正，说明对于中等规模人口国家而言，改善其基础设施建设水平、提高社会的稳定程度可以有效提高其投资效率。

在大规模人口国家中，宏观经济方面的经济总量、产业结构均会显著影响投资的综合技术效率和纯技术效率，风险方面的通货膨胀指标显著影响综合技术效率，技术方面的人力资本指标显著影响纯技术效率，其中产业结构

---

① 收入水平的分组资料来源于世界银行 2022 年 7 月 1 日发布的世界各经济体收入分组标准。

对两类效率的影响最大，说明对于大规模人口国家而言，提高制造业增加值、保持温和的通货膨胀以及提高劳动力素质有助于提高投资效率。

在超大规模人口国家中，宏观经济与社会方面因素仍旧是显著影响综合技术效率和纯技术效率的因素，其中产业结构指标对投资效率的影响最大。社会稳定程度对于综合技术效率的影响显著为正，而风险和技术方面的因素影响不再显著，说明对于超大规模人口国家而言，改善宏观经济与社会稳定程度，更有助于提高其投资效率。

表 3-13　综合技术效率的影响因素（人口分组）

	小规模人口	中等规模人口	大规模人口	超大规模人口
	（Tobit）	（Tobit）	（Tobit）	（Tobit）
GDP	−0.0989***	−0.0711***	−0.0553**	−0.103***
	（−4.24）	（−3.74）	（−2.24）	（−5.42）
Pop	0.101*	0.0900**	0.0979	0.0716**
	（1.70）	（1.99）	（1.28）	（2.37）
V_ mfg	0.626*	−0.112	0.434*	0.490***
	（1.86）	（−0.83）	（1.76）	（3.30）
Infra	0.00340	0.0161**	0.0132	−0.000534
	（0.42）	（2.57）	（1.33）	（−0.10）
Stability	−0.0214	0.0318**	−0.00105	0.0644***
	（−1.21）	（2.79）	（−0.06）	（4.71）
Inflation	−0.0455	0.0125	−0.227*	−0.0112
	（−0.31）	（0.30）	（−1.67）	（−0.19）
Reserves	0.00986**	−0.000144	0.000655	0.00137
	（2.96）	（−0.06）	（0.18）	（0.68）
Hc	0.0751**	−0.0337	−0.0345	0.0153
	（1.98）	（−0.88）	（−0.71）	（0.56）
_ cons	1.290	1.282*	0.599	2.303***
	（1.35）	（1.67）	（0.42）	（5.42）
观测值	200	223	119	125

表 3-14　纯技术效率的影响因素（按人口分组）

	小规模人口 （Tobit）	中等规模人口 （Tobit）	大规模人口 （Tobit）	超大规模人口 （Tobit）
GDP	−0.00969	−0.0153**	−0.0323***	−0.00273
	(−1.19)	(−1.98)	(−4.81)	(−0.38)
Pop	−0.0559**	−0.0299*	−0.00110	−0.00822
	(−2.37)	(−1.82)	(−0.05)	(−1.22)
V_ mfg	0.146	0.0221	0.260**	0.398***
	(1.07)	(0.45)	(3.29)	(7.32)
Infra	0.00742**	0.00955***	−0.00327	−0.00151
	(2.46)	(4.05)	(−0.74)	(−0.63)
Stability	−0.00653	0.00879**	−0.000992	−0.000485
	(−1.25)	(2.10)	(−0.21)	(−0.09)
Inflation	−0.0261	0.0178	0.0162	0.0236
	(−0.53)	(0.98)	(0.36)	(0.97)
Reserves	0.00180	−0.00115	0.000423	−0.000205
	(1.42)	(−1.32)	(0.37)	(−0.22)
Hc	0.00119	0.0159	0.0577***	−0.0129
	(0.09)	(1.01)	(4.33)	(−1.05)
_ cons	2.088***	1.870***	1.701***	1.201***
	(4.95)	(6.30)	(5.01)	(8.41)
观测值	200	223	119	125

表 3-15　规模效率的影响因素（按人口分组）

	小规模人口 （Tobit）	中等规模人口 （Tobit）	大规模人口 （Tobit）	超大规模人口 （Tobit）
GDP	−0.0985***	−0.0641***	−0.0399	−0.102***
	(−4.24)	(−3.49)	(−1.58)	(−5.82)
Pop	0.116*	0.111**	0.0921	0.0789**
	(1.95)	(2.55)	(1.17)	(2.74)
V_ mfg	0.565*	−0.161	0.406	0.232*
	(1.71)	(−1.21)	(1.61)	(1.74)

续表

	小规模人口 （Tobit）	中等规模人口 （Tobit）	大规模人口 （Tobit）	超大规模人口 （Tobit）
Infra	0.000983	0.0121 **	0.0167 *	0.00243
	（0.12）	（2.04）	（1.67）	（0.50）
Stability	−0.0212	0.0311 **	−0.00133	0.0717 ***
	（−1.20）	（2.86）	（−0.08）	（5.58）
Inflation	−0.0143	0.00715	−0.278 **	−0.0317
	（−0.10）	（0.18）	（−2.04）	（−0.58）
Reserves	0.00973 **	0.000123	0.000336	0.00147
	（2.98）	（0.06）	（0.09）	（0.79）
Hc	0.0818 **	−0.0459	−0.0781	0.00798
	（2.15）	（−1.23）	（−1.58）	（0.32）
_cons	1.051	0.796	0.423	2.203 ***
	（1.11）	（1.08）	（0.29）	（5.26）
观测值	200	223	119	125

表 3-16、3-17、3-18 报告了投资的三类效率在不同收入水平国家中的影响因素。可以看出，本书选取的影响投资效率的因素对于中高收入和高收入国家的显著性更强。

表 3-16　综合技术效率的影响因素（按收入分组）

	低收入 （Tobit）	中低收入 （Tobit）	中高收入 （Tobit）	高收入 （Tobit）
lGDP	−0.128 *	0.0302	−0.146 ***	−0.270 ***
	（−1.78）	（0.91）	（−9.22）	（−6.22）
Pop	0.130	−0.0382	0.138 ***	0.276 ***
	（1.61）	（−1.08）	（5.57）	（5.97）
V_mfg	0.738	−0.239	0.0358	−0.0785
	（1.36）	（−1.40）	（0.33）	（−0.28）

	低收入	中低收入	中高收入	高收入
	（Tobit）	（Tobit）	（Tobit）	（Tobit）
Infra	0.0240	0.00621	0.00923 **	0.0102 **
	(0.94)	(0.78)	(2.57)	(1.97)
Stability	0.0292	0.0134	0.00315	0.0200
	(1.50)	(1.04)	(0.45)	(1.57)
Inflation	−0.0669	0.110	−0.0181	−0.234 **
	(−0.62)	(1.36)	(−0.58)	(−2.26)
Reserves	−0.00312	−0.00539	0.00160	0.00625 ***
	(−0.24)	(−1.47)	(1.31)	(3.49)
Hc	−0.0393	0.00961	0.00108	0.0680
	(−0.62)	(0.30)	(0.07)	(1.52)
_ cons	1.841 ***	1.022 ***	2.320 ***	3.105 ***
	(3.80)	(3.31)	(7.84)	(6.84)
观测值	55	225	168	209

表 3-17 纯技术效率的影响因素（按收入分组）

	低收入	中低收入	中高收入	高收入
	（Tobit）	（Tobit）	（Tobit）	（Tobit）
lGDP	−0.121 ***	−0.0153	−0.0317 **	−0.0340 ***
	(−4.05)	(−1.41)	(−2.37)	(−3.94)
Pop	0.126 ***	0.00517	0.0207	0.0346 **
	(3.99)	(0.41)	(1.22)	(3.24)
V_ mfg	0.101 *	0.0668	0.249 **	0.387 ***
	(1.82)	(1.26)	(2.76)	(4.01)
Infra	0.00989 **	0.00259	0.000610	0.00995 ***
	(3.23)	(1.19)	(0.20)	(5.75)
Stability	0.00215	−0.00113	0.00668	−0.00233
	(1.16)	(−0.30)	(1.20)	(−0.56)
Reserves	−0.00117	−0.00184 *	0.000904	0.00123 *
	(−1.05)	(−1.91)	(0.82)	(1.91)

续表

	低收入	中低收入	中高收入	高收入
	（Tobit）	（Tobit）	（Tobit）	（Tobit）
Inflation	-0.00387	0.0243	0.00471	-0.0279
	（-0.30）	（1.11）	（0.15）	（-1.26）
Hc	0.00937	0.00556	0.0266**	0.00544
	（1.39）	（0.50）	（2.13）	（0.44）
_ cons	1.690***	1.300***	1.336***	1.231***
	（9.97）	（12.77）	（6.99）	（10.92）
观测值	55	225	168	209

表3-18　规模效率的影响因素（按收入分组）

	低收入	中低收入	中高收入	高收入
	（Tobit）	（Tobit）	（Tobit）	（Tobit）
lGDP	0.246***	0.0481	-0.122***	-0.271***
	（3.36）	（1.50）	（-10.53）	（-6.86）
Pop	-0.194**	-0.0500	0.123***	0.279***
	（-2.83）	（-1.49）	（6.41）	（6.60）
V_ mfg	0.543	-0.305*	-0.186**	-0.175
	（1.25）	（-1.81）	（-2.32）	（-0.70）
Infra	0.0375*	0.00592	0.00981***	0.00785
	（1.88）	（0.78）	（3.73）	（1.58）
Stability	-0.00403	0.0136	-0.000379	0.0230*
	（-0.25）	（1.10）	（-0.07）	（1.87）
Inflation	-0.0309	0.0929	-0.0150	-0.215**
	（-0.33）	（1.19）	（-0.67）	（-2.16）
Reserves	-0.00399	-0.00559	0.000719	0.00626***
	（-0.43）	（-1.53）	（0.81）	（3.61）
Hc	-0.308**	0.00280	-0.0316**	0.0602
	（-2.89）	（0.09）	（-2.59）	（1.46）
_ cons	-0.892	0.823**	2.125***	3.102***
	（-1.47）	（2.79）	（9.55）	（7.44）
观测值	55	225	168	209

在中高收入和高收入国家中，经济总量对于投资的规模效率和综合技术效率有显著的负向影响；在低收入国家中，经济总量对其规模效率的影响显著为正，对其综合技术效率的影响显著为负；而在中低收入水平国家中经济总量对其投资效率影响虽不显著，但对其规模效率和综合技术效率的影响为正。因为低收入水平的国家往往技术水平较差，资源的利用率较低，经济总量的增加会导致更多资源的浪费，不利于投资效率的提升。中低收入水平的国家，正处于产出的规模报酬递增阶段，其资源的利用率相较于低收入水平国家而言较高，因而经济总量对其投资效率有积极影响。中高收入水平和高收入水平的国家，发展水平往往较高，产出已经由规模报酬递增发展到规模报酬递减阶段，因而经济总量对投资效率影响显著为负。除经济总量指标外，其余指标在不同收入水平的国家中对于投资效率的显著性影响亦存在差异。

在低收入水平国家中，经济总量对投资的综合技术效率和纯技术效率的影响均显著为负，而纯技术效率的显著影响因素为人口规模、基础设施水平和产业结构，说明在低收入国家中，提高投资效率需要从提高纯技术效率方面入手，即提升基础设施建设和产业结构。

在中高收入国家中，显著影响投资的综合技术效率的因素仅为宏观经济方面的经济总量、人口规模以及基础设施水平，而显著影响纯技术效率的因素除了宏观经济方面的经济总量和产业结构，还包括技术方面的人力资本水平，说明对于中高收入国家而言，在发展经济的同时提高人力资本，即劳动力素质，有助于其投资效率的提升。

在高收入国家中，宏观经济方面的经济总量、人口规模和基础设施水平因素，以及风险方面的外汇储备水平均显著影响投资的综合技术效率和纯技术效率，通货膨胀水平则对综合技术效率有显著的负向影响，产业结构对纯技术效率有显著的正向影响，说明对于高收入水平国家而言，在发展经济的同时关注风险因素，即在扩大人口规模、完善基础设施建设、提高制造业增加值的同时，保持温和通货膨胀水平并提高外汇储备水平，更有助于提高其投资效率。

（三）稳健性检验

为验证结论的可靠性，本章进行了以下三方面稳健性检验：

第一，通过增加自变量进行稳健性检验。考虑到除宏观经济和社会、风险以及技术这三个方面的影响因素外，投资效率还与资源禀赋和政府治理相关（李冰和田世慧，2021；季凯文和周吉，2018）。因此，本书加入衡量政府治理的政府效率（GE）、衡量资源禀赋的自然资源租金占 GDP 百分比（Nature）进行回归分析，结果发现在全样本回归中加入新变量后，解释变量系数的显著性和符号方向均未发生变化，说明原模型的回归结果较为稳健。

第二，对内生性问题的进一步处理。为缓解模型的内生性问题，本书选取了世界银行全球治理指数（WGI）中话语权和问责指标、世界银行营商环境报告中财产注册作为 GDP 的工具变量，话语权和问责变量衡量了公民在政府选举中参与程度、言论自由程度以及政府对公众意见的反映和问责能力；而财产注册衡量了企业从二级市场购买土地、房产等不动产所需流程、时间及费用。这两个变量与 GDP 相关性较高，可以通过提升公民地位、简化财产注册流程、促进经济增长。同时，这两个变量与投资效率不相关（王永钦、杜巨澜和王凯，2014；郭晓琼和蔡真，2019）。2SLS 回归结果显示，可识别检验的 Anderson LM 统计量的 P 值为 0，且 Cragg-Donald Wald F 统计量为 55.318，大于 Stock-Yogod 的 10%水平临界值（16.38），通过了弱工具变量检验；Sargan 检验的 P 值为 0.272，满足工具变量外生性检验。在考虑内生性问题后，只有基础设施建设指数对投资效率的影响变得不显著，其余变量系数的显著性和符号方向均未发生改变，说明原模型具有一定的稳健性。

第三，通过更换回归模型进行稳健性检验。根据 Hausman 检验的结果，本书采用随机效应面板模型进行稳健性分析，结果如表3-19、3-20、3-21第（4）列所示。影响综合技术效率的指标，除基础设施水平指标和社会稳定程度指标外，显著性均未发生改变；影响纯技术效率的指标，除基础设施水平指标外，显著性均未发生该改变；影响规模小了的指标，除社会稳定程度指标外，其余指标显著性均未发生改变，说明原模型较为稳健。同时说明对于受限因变量面板数据，与随机效应模型相比，Tobit 模型对于具有显著影响的自变量的识别更加准确且全面。

表 3-19　综合技术效率影响因素的稳健性检验

变量	指标	模型（1）（Tobit）	模型（2）（Tobit）	模型（3）（Tobit）	模型（4）（RE）
宏观经济社会变量	GDP	-0.0865 ***	-0.0871 ***	-0.0864 ***	-0.0640 ***
		(-8.20)	(-7.13)	(-7.04)	(-9.18)
	Pop	0.0751 ***	0.0756 ***	0.0745 ***	0.0589 ***
		(5.31)	(4.96)	(4.83)	(6.40)
	V_ mfg	0.126	0.126	0.123	0.107
		(1.29)	(1.29)	(1.26)	(1.57)
	Infra	0.00688 *	0.00687 *	0.00654 *	0.00388
		(1.96)	(1.95)	(1.83)	(1.56)
	Stability	0.0122 *	0.0120 *	0.0122 *	0.00670
		(1.76)	(1.65)	(1.67)	(1.47)
风险变量	Inflation	-0.0378	-0.0376	-0.0340	-0.0250
		(-1.08)	(-1.07)	(-0.94)	(-1.05)
	Reserves	0.00380 **	0.00380 **	0.00400 **	0.00309 **
		(2.63)	(2.63)	(2.67)	(2.96)
技术变量	Hc	0.0338 *	0.0341 *	0.0331 *	0.0303 *
		(1.90)	(1.89)	(1.83)	(1.73)
政府治理	GE		0.00120	-0.0000379	
			(0.10)	(-0.00)	
资源禀赋	Nature			-0.000344	
				(-0.52)	
常数项	_ cons	1.680 ***	1.686 ***	1.691 ***	1.400 ***
		(10.80)	(10.26)	(10.29)	(13.46)

续表

变量	指标	模型（1） （Tobit）	模型（2） （Tobit）	模型（3） （Tobit）	模型（4） （RE）
观测值		667	667	667	667
R2					0.549

表 3-20 纯技术效率影响因素的稳健性检验

变量	指标	模型（1） （Tobit）	模型（2） （Tobit）	模型（3） （Tobit）	模型（4） （RE）
宏观经济 社会变量	GDP	−0.0135***	−0.0182***	−0.0169***	−0.00826***
		（−3.69）	（−4.01）	（−3.62）	（−4.10）
	Pop	−0.00307	−0.000392	−0.00219	0.00139
		（−0.71）	（−0.07）	（−0.36）	（0.48）
	V_mfg	0.145***	0.143***	0.137***	0.0792***
		（3.81）	（4.12）	（3.91）	（4.73）
	Infra	0.00351**	0.00348**	0.00306**	0.000767
		（2.85）	（2.72）	（2.34）	（1.36）
	Stability	−0.000977	−0.00172	−0.00150	−0.00104
		（−0.41）	（−0.70）	（−0.61）	（−1.02）
风险变量	Inflation	0.00611	0.00820	0.0125	0.00354
		（0.45）	（0.60）	（0.86）	（0.69）
	lreserves	0.000167	0.000176	0.000432	0.0000829
		（0.31）	（0.33）	（0.76）	（0.37）
技术变量	Hc	0.0130*	0.0153**	0.0135*	0.0110***
		（1.89）	（2.23）	（1.92）	（3.53）
政府治理	GE		0.00633	0.00481	
			（1.52）	（1.12）	
资源禀赋	Nature			−0.000369	
				（−1.45）	
常数项	_cons	1.341***	1.418***	1.419***	1.133***
		（23.58）	（19.56）	（18.89）	（31.79）
观测值		667	667	667	667
R2					0.112

表 3-21　规模效率影响因素的稳健性检验

变量	指标	模型（1） （Tobit）	模型（2） （Tobit）	模型（3） （Tobit）	模型（4） （RE）
宏观经济 社会变量	lgdp	-0.0813***	-0.0813***	-0.0813***	-0.0592***
		(-7.85)	(-6.76)	(-6.76)	(-8.47)
	lnpop	0.0771***	0.0771***	0.0771***	0.0604***
		(5.48)	(5.02)	(5.02)	(6.49)
	V_mfg	0.00367**	0.00370**	0.00370**	0.00298**
		(2.60)	(2.52)	(2.52)	(2.95)
	Infra	0.0477	0.0474	0.0474	0.0648
		(0.49)	(0.49)	(0.49)	(0.97)
	Stability	0.00636*	0.00632*	0.00632*	0.00340
		(1.85)	(1.81)	(1.81)	(1.40)
风险变量	Inflation	0.0138**	0.0138*	0.0138*	0.00784*
		(2.01)	(1.93)	(1.93)	(1.76)
	lreserves	-0.0451	-0.0447	-0.0447	-0.0312
		(-1.33)	(-1.29)	(-1.29)	(-1.35)
技术变量	Hc	0.0246	0.0245	0.0245	0.0178
		(1.40)	(1.38)	(1.38)	(1.47)
政府治理	GE		-0.0000630	-0.0000630	
			(-0.01)	(-0.01)	
资源禀赋	Nature		-0.0000400	-0.0000400	
			(-0.06)	(-0.06)	
常数项	_cons	1.563***	1.564***	1.564***	1.295***
		(10.02)	(9.56)	(9.56)	(12.21)
观测值		667	667	667	667
R2					0.515

五、主要结论与建议

本书采用 DEA-Tobit 模型，对 84 个国家的投资效率进行测算，并对投资综合效率、纯技术效率和规模效率的影响因素进行了实证分析，研究发现：

第一，从一般规律看，高收入国家的投资效率低于中等收入和低收入国家，主要原因是规模效率较低。历史上看，高收入国家在20世纪七八十年代经历了投资效率下降的过程，中等收入和高收入国家投资效率2010年后有所下降。

第二，从国际比较看，中国投资效率在1970~2010年的经济高速增长时期处于全球较高水平，但2010年后快速下降，目前在G20国家中处于中等水平。中国近15年来的投资效率变动趋势与韩国20世纪八九十年代的表现较为类似。

第三，从全样本看，人口规模越大、基础设施建设越完善、社会稳定程度越高、金融风险越小、人力资本指数越高的国家，投资效率越高。其中，经济总量、人口规模、基础设施水平、社会稳定程度、外汇储备水平对投资规模效率的影响显著；GDP、产业结构、基础设施水平和人力资本水平对投资纯技术效率的影响显著。

第四，从不同人口规模和收入水平国家的异质性看，提高制造业占比有利于提高小规模人口国家投资效率，基础设施建设和社会稳定程度对中等规模人口国家投资效率有显著影响；提高社会稳定程度和优化产业结构对大规模和超大规模人口国家的投资效率最重要。提高基础设施水平，有助于中高收入国家投资效率提升；在发展经济的同时保持稳定的价格水平和金融环境，更有助于高收入国家提高投资效率。

考虑到我国虽整体投资效率水平在全球国家中处于中等水平，但近年来投资效率下降速度较快，且纯技术效率水平不高，保持投资效率平稳、促进投资技术效率提升仍非常必要。由上文分析可看出，我国属于超大规模人口国家和中高收入国家，促进人口自由流动和聚集、更好发挥基础设施服务功能、保持稳定的价格水平和金融环境、优化产业结构、提高劳动力素质，对投资效率的提高至关重要。建议一是进一步加快建设全国统一大市场，促进劳动力顺畅流动、聚集，跟随人口流动趋势优化投资布局，提高人口聚集地区的投资效率，努力避免规模不经济投资，减缓投资的规模效率下降趋势；二是提高基础设施系统集成和功能，新增基础设施投资要注重与存量基础设施加强衔接和统筹，提升现有基础设施功能，发挥"1+1>2"的功效；三是继续提高现代化治理水平和金融管理水平，促进社会稳定和金融环境稳定，为投资顺利转化为社会经济效益提供稳定的制度保障和投资预期；四是继续提高人力资本质量，发挥教育、科技、人才的基础性作用，通过更高的技术水平来实现有限资源的优化配置，以提升投资综合转化效率。

下篇　中国投资现实

第四章　"十四五"以来
我国投资形势的变化

　　"十四五"以来，受趋势性、周期性、外部冲击等因素影响，全国固定资产投资增速在波动中有所放缓，同时呈现一些新的特征。

第一节　投资总量变化特征

　　投资增速明显下降。2023年，全国固定资产投资（不含农户）503036亿元，同比增长3.0%，增速分别低于2022年、2021年、2019年2.1、1.9和5.4个百分点，是历史年度次低值，仅高于2020年0.1个百分点。"十四五"以来，投资增速下降趋势较为明显，2021~2023年投资平均增速4.3%，较"十三五"和"十二五"时期平均增速分别下滑1.6和13.6个百分点（见图4-1）。

　　设备工器具购置投资超过建安投资增速。2023年，建安工程、设备工器具购置、其他费用分别增长2.1%、6.6%、3.1%，分别较2022年同期下降3.1个百分点、上升3.1个百分点、下降2.9个百分点。建安工程投资增速明显低于设备工器具投资，说明建筑物建设和设备安装等投资的活跃程度有所下降，工业技术改造、设备工具购置等方面的投入加快增长。与近5年比

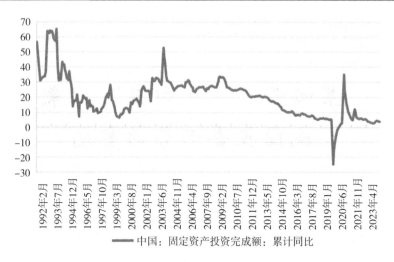

图4-1 1992年以来的我国投资增长情况

较，2023年以来建安工程投资全年增速居于2.0%~4.1%，低于近5年各年全年增速；设备工器具购置投资全年增速居于4.2%~6.9%，明显高于近5年各年全年增速，以上特征更为明显。从近10年趋势看，2023年以来建安投资增速大部分时间低于设备购置投资增速，在十年来属于首次（见图4-2）。2024年以来，这个趋势更为明显，建安投资与设备工器具投资增速的差距进一步扩大，1~6月建安投资增速低于设备投资增速13.5个百分点。

扩建投资增速超过新建投资增速。2023年，新建、扩建、改建投资累计增速分别为7.3%、9.3%、2.6%，分别较2022年下降6.4个百分点、上升5.2个百分点、下降6.4个百分点。扩建项目投资增速超过新建项目投资，说明企事业单位在原有生产能力上增建车间、分厂、生产线或扩建业务型用房等需求较大，从无到有"平地起家"项目的投资意愿有所下降。2024年以来，这个趋势愈发明显，新建和改建投资增速均为负值，而扩建投资同比增长41.2%，增速高于同期新建投资41.7个百分点。

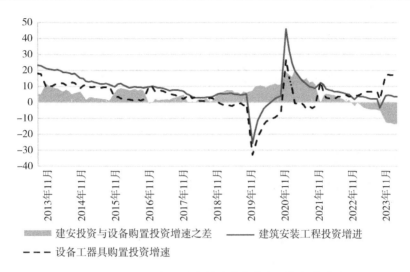

图4-2　2013~2024年上半年的建安投资和设备投资增速

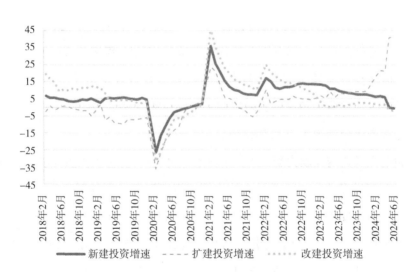

图4-3　2020年以来的新建、扩建和改建投资增速

第二节　各领域投资变化特征

基础设施投资保持较快增长。2022年以来，基础设施投资增速持续较高。2023年，在中央预算内资金和地方政府专项债等资金的引导带动下，基础设施（不含电力、热力、燃气及水生产和供应业）投资增长5.9%（见图4-4），高于全部投资增速2.9个百分点，高于2019年同期2.1个百分点，投资动力进一步增强。基础设施投资中，水上运输业投资增长22.0%，水利管理业投资增长5.2%。广义基础设施投资同比增长8.2%，高于2019年同期增速4.9个百分点。电力、热力、燃气及水的生产和供应业投资同比增长24.4%，其中，电力、热力的生产和供应业投资比上年增长27.3%，燃气生产和供应业投资增长16.7%，重点领域补短板投资较快增长。2024年以来，基础设施投资增速仍然保持较高增速，基础设施（不含电力等）和广义基础设施投资增速分别为5.4%和7.7%。

制造业投资增长动力较强。"十四五"以来，制造业投资增速较"十三五"时期明显提升。2023年，在国内消费持续恢复、国外需求有所下降的形势下，制造业投资同比增长6.5%，高于全部投资增速3.5个百分点，高于2019年同期3.4个百分点。同时，制造业投资增速连续4个月回升，增速较1~7月份上升0.6个百分点，较1~10月份上升0.1个百分点，投资动力增强。其中，电气机械和器材制造业投资增长32.2%，汽车制造业投资增长19.4%，仪器仪表制造业投资增长14.4%，先进制造相关产业引领制造业投资增长。2024年上半年，制造业投资同比增长9.5%，增速比2023年进一步加快。同时，制造业技术改造投资同比增长10%，传统产业升级改造投资有较大空间。

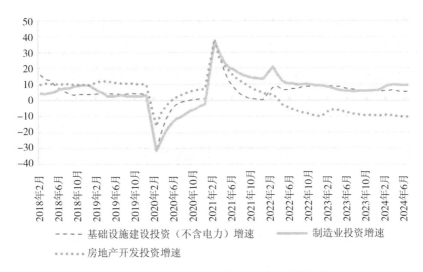

图 4-4 2018~2024 年上半年各领域投资增长情况

高技术产业投资始终发挥引领作用。2023 年,高技术产业投资增速增长 10.3%,高于全部投资 7.3 个百分点。同时,高技术制造业投资和高技术服务业投资增速分别为 9.9% 和 11.4%,分别高于制造业和服务业投资 3.4 和 11.0 个百分点。其中,航空、航天器及设备制造业投资、计算机及办公设备制造业投资、电子及通信设备制造业投资增长 10% 以上,科技成果转化服务业、专业技术服务业投资增长 30% 左右,高技术产业领域投资对全部投资发挥较强引领作用。2024 年上半年,高技术产业、高技术制造业和高技术服务业投资增速分别为 10.6%、10.1% 和 11.7%,增速进一步加快,并且高技术服务业继续维持更高增速。

房地产开发投资持续低迷。2022 年以来,房地产开发投资增速开始出现持续负增长形势,而"十三五"及之前的时期从未出现。2022 年、2023 年和 2024 年上半年,房地产开发投资分别同比下降 10%、9.6% 和 10.1%,说明房地产市场仍处于深度调整时期,房地产市场需求低迷,市场预期仍然不稳。2023 年,商品房销售面积和销售额分别同比下降 8.5% 和 6.2%,房屋新开工面积和施工面积分别同比下降 20.9% 和 7.2%;2024 年上半年,商品房销售面积和销售额继续大幅下降至 19.0% 和 25.0%，房屋新开工面积和施工面积分别同比下降 23.7% 和 12.0%。这反映出"十四五"以来，房地产市场供求发生重大变化，房地产领域调整优化政策措施效果有待进一步显现。

第三节　民间投资变化特征

"十四五"以来，民间投资占比持续下降，在 2023 年底跌至 50.4% 的历史最低点，较"十三五"平均 59.2% 的水平下降 8.8 个百分点。2023 年以来，民间投资增速显著低于全国投资增速，从 5 月起开始出现负增长，并在 6～8 月降幅持续扩大至 -0.7% 的低点，说明民间投资总体上增长相对乏力，促进民营经济发展、促进民间投资的相关政策效应仍待释放。2024 年，民间投资占比和增速略有回升。上半年占比和增速分别为 51.9% 和 0.1%，民间投资活力仍待进一步激发。

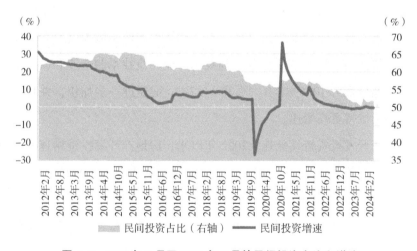

图4-5　2012 年 2 月至 2024 年 6 月的民间投资占比和增速

数据来源：Wind.

民间投资内部行业结构分化态势明显。2023年，民间项目投资（扣除房地产开发投资）增长9.2%，高于全部民间投资9.6个百分点。从大类行业来看，制造业和基础设施民间投资增长较快，制造业民间投资增长9.4%，部分制造业增长30%以上。基础设施民间投资增长14.2%，保持较高水平，部分行业增长10%以上。房地产业民间投资占比30%左右，较大降幅下拉整体民间投资近10个百分点。此外，房地产业涉及行业多、产业链条长，对其他行业的民间投资也形成拖累。2024年，民间投资内部行业继续延续分化趋势，上半年民间投资增速为0.1%，其中制造业和基础设施民间投资分别同比增长11.5%和5.8%，但仍受房地产业民间投资拖累明显。

细分行业方面，民间投资增速与市场需求、利润水平、投融资环境等因素相关。例如，2023年，电气机械及器材制造、道路运输、汽车制造、建筑、电力热力等行业是民间投资增速较快的行业，大部分利润保持正增长或增速较高。而公共设施管理、公共管理等行业的民间投资增速较慢，与行业信心仍待恢复、行业整体投资增速下降等因素有关。

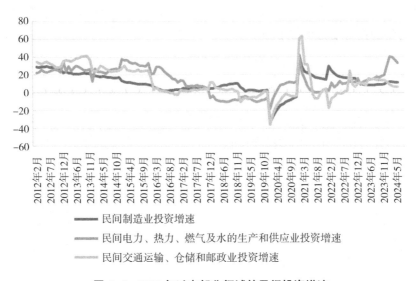

图4-6 2012年以来部分领域的民间投资增速

第四节　各地域投资变化特征

各地区投资动力仍待增强。从地区看，2023年，仅有东部地区投资增速实现4.4%的较快增长，中部、西部和东北地区投资增速分别为0.3%、0.1%和－1.8%。2015～2022年，东、中、西和东北地区年均投资增速分别为6.2%、9.1%、6.6%和－2.8%，除东北地区外，其余地区投资增速明显快于2023年。从省份看，31个省份中有15个省份投资增速高于全国水平。2024年上半年，各地区投资增速虽有所回升，但与2019年及以前相比仍有较大差距。从经济大省看，2023年6个经济大省的投资增速分别为：浙江5.8%、江苏5.4%、山东5.1%、广东2.6%、四川2.5%、河南2.0%，4个省份投资增速高于全国平均水平。2024年上半年，经济大省的投资增速分别为：河南6.5%、山东4.9%、浙江4.0%、江苏3.7%、四川0.9%、广东－1.5%，除河南外，各省投资增速均有不同程度下降，并且广东出现投资负增长情况，说明各省份的投资动力仍待增强。

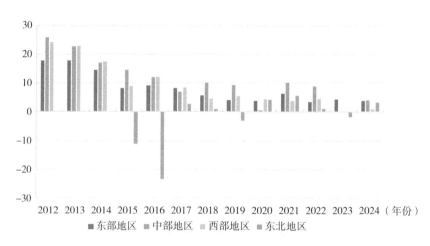

图4-7　2012年以来各地区投资增速

第五章　当前我国的投资作用评价

第一节　投资对经济增长的带动作用

一、从需求看，投资对经济增长贡献率较高，并在关键年份对稳增长发挥了托底作用

投资是总需求的组成部分。国民收入核算中，投资对经济增长的作用以"投资对 GDP 增长的贡献率"和"投资对 GDP 增长拉动的百分点"两个指标衡量。

投资对 GDP 增长的贡献率。一是平均贡献率较高，保持在 40% 以上。2016~2023 年最终消费支出、资本形成总额和货物服务净出口对 GDP 增长的平均贡献率分别为 52.2%、41.8% 和 6.0%，资本形成总额贡献了 GDP 的 40% 以上，对稳增长的作用不可替代。二是在经济下行压力较大年份发挥托底作用。在 2020 年、2022 年等预期偏弱、需求不足的年份，投资对增长的贡献率超过消费，在三大需求中排名第一，对稳定经济增长发挥了"压舱石"作用。

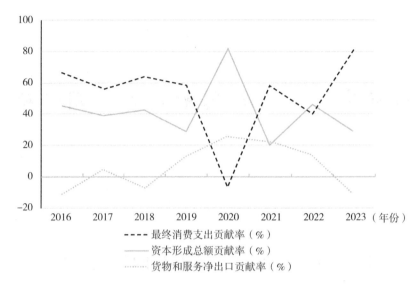

图 5-1　2016 年以来三大需求对 GDP 增长的贡献率

　　投资对 GDP 增长的拉动。"十三五"以来，投资对 GDP 增长年均拉动 2.1 个百分点。2016~2023 年 GDP 年平均增速为 5.7%，最终消费支出、资本形成总额和货物服务净出口平均分别拉动经济增长 3.3、2.1 和 0.3 个百分点（见图 5-2），资本形成总额对 GDP 的贡献也较大。2019 年以后，投资对 GDP 拉动的幅度相对稳定。从变化趋势看，资本形成对 GDP 拉动在 2016~2019 年随着呈下降趋势，与 GDP 增速的变化趋势保持一致；在 2019 年以后保持稳定，拉动百分点在 1.4~1.7，未出现大幅变化，与消费和净出口相比表现更为稳定。

　　此外，从国际比较看，我国投资对经济增长的贡献和拉动作用较强。2016~2022 年，美国、日本、欧盟 27 国和中国投资①对经济增长的平均贡献率分别约为 22.5%、5.4%、33.3% 和 41.3%，拉动百分点分别为 0.67、0.07、0.92 和 2.10。可以发现，我国投资对经济增长的贡献率和拉动作用高

---

　　① 各国对投资的统计口径略有差别，美国为私人投资总额、日本为固定资本形成总额、欧盟 27 国和中国为资本形成总额。

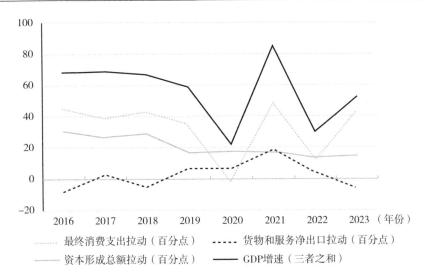

图 5-2 三大需求对 GDP 增长的拉动（百分点）

于其他几个经济体（见图 5-3）。从更长期看，美国、日本等经济体在金融危机后普遍选择扩大投资来应对衰退，2011~2015 年，两国投资对 GDP 增长的贡献率超过 50%，高于我国和欧盟，投资对其促进经济复苏发挥了重要作用。

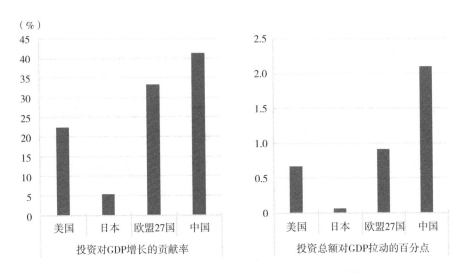

图 5-3 2016~2023 年部分经济体投资对 GDP 增长的贡献

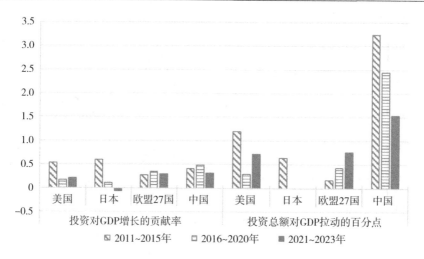

图 5-4　2011～2023 年部分经济体投资对 GDP 增长的贡献

二、从供给看，投资对长期经济增长和结构优化发挥了重要作用

从中长期看，投资是物质资本积累的过程。投资通过形成固定资产，与劳动力、技术、体制等生产要素共同作用形成了一个经济体的供给能力，决定了潜在经济增长率。

投资形成了巨大资本存量，推动经济长期增长。长期以来，我国储蓄资源丰富，较大的投资规模加上投资的较高效率，成为推动经济高速增长的重要力量，也是人民生活水平提高、基础设施完善、产业竞争力增强的重要保障。数据显示，2019 年资本存量达到 99.6 万亿美元（2017 年不变价）。1978～2019 年我国资本存量年均实际增速达到 11.5%，高于同期 GDP 年均增速 4.9 个百分点，为长期的经济增长注入强大动力。

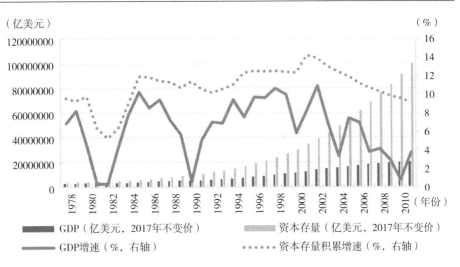

图 5-5 1978 年以来我国的资本存量和 GDP 变化

资料来源：PWT。

三、近年来的投资乘数测算

投资乘数指扩大投资通过带动居民消费等，从而带动总收入增加的倍数。

在居民部门、企业部门、投资部门和国外部门的四部门经济中，投资乘数可通过投资带动的税后收入，所产生的消费来计算。具体计算见式（5-1）：

$$k = 1(1 - MPC(1 - MPT) + MPM) \tag{5-1}$$

其中，k 为投资乘数，MPC 为居民边际消费倾向、MPT 为边际税收倾向，MPM 为边际进口倾向。

计算每年的投资乘数，需要计算各年支出法 GDP、居民消费、资本形成、国家税收收入和进口总额的边际变化值，即 $MPC = C_t - C_{t-1}/Y_t - Y_{t-1}$，$MPT = T_t - T_{t-1}/Y_t - Y_{t-1}$，$MPM = M_t - M_{t-1}/Y_t - Y_{t-1}$

其中，C_t、T_t、M_t、Y_t 分别代表第 t 年的消费、税收、进口和支出法 GDP 规模。

计算区间的投资乘数，需要将各时间段的 GDP 与消费、税收和进口等变量进行回归。例如，$c_t = \alpha \times y_t + \beta$，斜率 α 即为边际消费倾向。

测算发现，我国投资乘数呈现"先升、后降、再升"的趋势。2015 年以前，我国投资乘数持续上升，投资对经济增长的带动作用持续上升。2016~2020 年，投资乘数有所下降。2021 年以后，投资乘数又呈现上升趋势。以 5 年为区间，可看出我国在"十一五"至"十四五"前几年的投资乘数分别为 1. 13、1. 60、1. 25、1. 64，近年来，投资变化对经济增长的拉动作用仍较为明显.

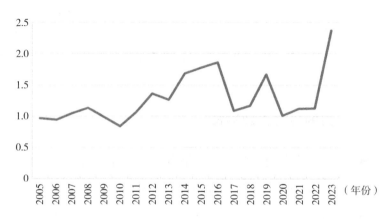

图 5-6　我国投资乘数变化趋势

表 5-1　历年边际消费、税收、进口倾向

年份	边际消费倾向	边际税收倾向	边际进口倾向	投资乘数
2005	0. 320	0. 175	0. 298	0. 97
2006	0. 272	0. 189	0. 285	0. 94
2007	0. 302	0. 213	0. 195	1. 05
2008	0. 303	0. 181	0. 131	1. 13
2009	0. 354	0. 179	-0. 369	0. 98
2010	0. 301	0. 225	0. 429	0. 84
2011	0. 383	0. 219	0. 244	1. 06
2012	0. 368	0. 198	0. 030	1. 36

续表

年份	边际消费倾向	边际税收倾向	边际进口倾向	投资乘数
2013	0.382	0.173	0.109	1.26
2014	0.473	0.172	-0.014	1.68
2015	0.526	0.126	-0.352	1.77
2016	0.528	0.101	0.012	1.86
2017	0.386	0.169	0.239	1.09
2018	0.385	0.139	0.185	1.17
2019	0.441	0.021	0.032	1.67
2020	0.000	-0.106	-0.009	1.01
2021	0.425	0.154	0.253	1.12
2022	0.218	-0.107	0.130	1.12
2023	0.762	0.258	-0.013	2.37

表5-2 我国不同阶段平均投资乘数的变化

年份	投资乘数
2006~2010	1.13
2011~2015	1.60
2016~2020	1.25
2021~2023	1.64

第二节 投资对收入、就业、消费的带动作用测算

一、影响机制

投资是建造和购置固定资产的工作量和与此有关费用的总成。投资作为

总需求的一部分，尽管从静态看，在总量既定的情况下，投资和消费两者此消彼长；但从动态看，由于投资的增加会促进总收入的增加，这样投资增长会通过引起当期和未来时期的产出增加，带来就业和收入增长，从而促进消费扩张。具体看，投资对收入、就业、消费等方面的带动作用的影响机理如图5-7所示。

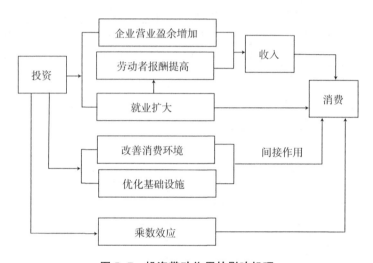

图5-7 投资带动作用的影响机理

从直接影响看，投资通过扩大生产规模，创造更多的就业机会和收入来源，这直接增加了居民的收入水平，也提高了居民的消费能力。

从间接影响看，投资通过引导消费升级、改善消费环境、提高边际消费倾向，间接带动消费。一方面，通过投资于新兴产业、高科技产业等领域，投资能够推动产品和服务的创新，满足消费者日益增长的需求。这种创新不仅提高了产品的质量和性能，还为消费者带来了更多选择和更好体验，激发消费者的购买欲望。另一方面，投资于消费基础设施建设、公共服务设施等领域，能够改善居民的生活条件，提高消费环境的舒适度和便捷性。这将吸引更多的消费者参与到消费活动中来，进一步推动消费市场的繁荣。随着收

入的增加，居民的消费倾向也会相应提升，进而促进了消费市场的扩大和
升级。

此外，投资还具有乘数效应和加速原理，对消费产生正向的推动作用。
投资带动收入的增加和消费的提高，消费的增长又会通过加速作用进一步扩
大投资，形成良性循环，共同推动经济的发展。

二、投资对劳动者报酬、企业盈余和生产税净额的带动作用

衡量投资对劳动者收入和企业盈余的带动作用，已有文献主要根据投入
产出模型进行测算。

根据投入产出模型，其基本关系见式（5-2）：

$$X = (I - A) - 1 \quad Y = B^* Y \tag{5-2}$$

式中，$B = (I - A) - 1$ 为里昂惕夫逆矩阵，X 为总产出（或总投入）列向
量；Y 为最终需求列向量；A 为直接消耗系数矩阵；I 为单位矩阵。最终需求
（Y）应包括固定资产投资（T）、存货增加（K）、消费需求（C）和净
出口（NE）四个部分，即式（5-3）：

$$Y = T + K + C + NE \tag{5-3}$$

将式（5-3）代入式（5-2）即可求出最终需求各部分所对应总产出，

$$X = B^* (T + K + C + NE) = B^* T + B^* K + B^* C + B^* NE \tag{5-4}$$

式中，$B^* T$ 为固定资产投资（T）所对应的总产出（或总投入）。

在最终需求列向量 Y 中，根据固定资本形成列向量 T 的结构，可以计算
出每一部门固定资本形成在总固定资本形成中的比重，即

在增加值（V）部分，同直接消耗系数一样，增加值与总投入的比例系
数矩阵也是重要的技术经济系数，若用 v 表示增加值与总投入的比例系数矩
阵，则有式（5-5）：

$$V = v^* X \tag{5-5}$$

将式（5-4）代入式（5-5）可导出最终需求的各部分与增加值的关系，

即有：

$$V = v(B^*T + B^*K + B^*C + B^*NE)$$

$$V = v^*B^*T + v^*B^*K + v^*B^*C + v^*B^*NE \tag{5-6}$$

式中 v^*B^*T 为固定资产投资（T）所对应的增加值部分。增加值可分为固定资产折旧（$V1$）、劳动者报酬（$V2$）、生产税净额（$V3$）和营业盈余（$V4$）四个部分。相应的固定资产投资（T）所引起的各部分的增加值为式（5-7）：

$$V2 = v2^*B^*CT \tag{5-7}$$

$$V3 = v3^*B^*CT$$

$$V4 = v4^*B^*CT$$

式中，为各部门劳动报酬与总投入的比例行向量，为各部门企业盈余与总投入的比例行向量。

据此，即可计算出增加 1 单位投资对初次分配中各行业劳动报酬 $V2$、生产税盈余 $V3$ 和企业营业盈余 $V4$ 的带动份额，加总可分别计算出 1 单位对整体劳动报酬和企业盈余的带动作用。

此外，如测算增加单部门投资 1 单位对全部部门劳动报酬和营业盈余的带动效果，可生成单位矩阵 $T = \begin{bmatrix} 1 & \cdots & 0 \\ \vdots & \ddots & \vdots \\ 0 & \cdots & 1 \end{bmatrix}$，每列表示第每一部门投资增加 1 单位，其他投资不变。

则有 $V2' = v2^*B^*T$，得到 $V2'$ 矩阵，其中 $V2_{ij}$ 表示增加 1 单位第 j 部门投资对所有部门劳动者报酬的消耗，加总可得 j 部门投资带来劳动者报酬的总效应。同理可计算 $V3_j$、$V4_j$ 矩阵，得到 j 部门投资带来营业盈余的总效应。

测算发现，增加 1 万元总投资，可带来初次分配中的劳动报酬增加 4119.6 元，生产税净额增加 935.8 元，营业盈余增加 2205.5 元。分别测算增加各部门增加 1 万元投资的带动作用（见表 5-3），可以发现农林牧渔、高技

术服务业、制造业、社会民生、基础设施等行业扩大投资对增加居民收入的
作用较大，这些也是中央预算内投资重点支持的领域；而增加房地产业、制
造业、采矿业、建筑业等行业的投资对企业营业盈余增长的带动作用较大。
从制造业细分行业看，增加消费品制造业和装备制造业的投资对劳动报酬的
带动作用大于原材料制造业，增加原材料制造业和消费品制造对营业盈余的
带动作用大于装备制造业（见表5-4）。

表5-3　增加该部门万元投资对总劳动报酬和营业盈余的带动

部门	带动劳动报酬增加	带动盈余增加
农林牧渔业	5121.4	144.2
其他服务业	3227.7	745.2
高技术服务业	3173.0	649.1
建筑业	2991.4	793.8
社会民生	2744.3	532.5
基础设施（不含电力等）	2652.5	447.5
采矿业	1853.5	1096.9
制造业	1537.5	1310.2
房地产	995.7	1979.8

表5-4　增加各类制造业万元投资对劳动报酬和营业盈余的带动

	带动劳动报酬增加	带动营业盈余增加
其他制造业等	1950	1532
消费品制造业	1771	1302
装备制造业	1557	1211
原材料制造业	1006	1382

三、投资对就业的带动作用

衡量投资对就业的带动作用，已有文献通常采用实证测算和实地调研两
种方法。实证测算方法将投入产出表和各行业就业人数相匹配，可通过"投

资—产出—就业"链条，计算出单位投资对各行业就业的影响，并加总得到对整体就业的带动。

在投入产出分析框架中，可通过运用第 7 次人口普查数据和 2020 年统计数据，将其与总就业人数相匹配，可以计算出我国 2020 年的就业人数在各细分行业分布行向量 E。与增加值概念类似，可计算为各部门劳动报酬与总投入的比例行向量。

根据上文计算出的增加 1 单位投资对各行业总体产出的拉动情况 $B^{*}CT$，再根据公式 $E = E1^{*}B^{*}CT$，可计算出行向量 E 为增加 1 单位投资对各部门就业的带动情况，再加总得到增加 1 单位投资对整体就业的带动情况。测算发现，增加 1 亿元投资，可带来 576 人就业增加。分别测算增加各部门增加 1 亿元投资的带动作用（见表 5-5），可发现增加农林牧渔业、基础设施、建筑业、制造业投资对就业带动作用较大，而扩大采矿业、房地产业的投资对就业的带动作用相对有限。从制造业细分行业看，增加消费品制造业和装备制造业的投资对就业的带动作用大于原材料制造业（见表 5-6）。

表 5-5　增加各部门亿元投资对就业的带动

部门	带动就业增加
农林牧渔业	950
其他服务业	561
基础设施（不含电力等）	554
建筑业	532
制造业	306
社会民生	281
高技术服务业	155
采矿业	110
房地产	73

表 5-6 增加制造业各部门亿元投资对就业的带动

部门	带动就业增加
其他制造业等	606
消费品制造业	472
装备制造业	223
原材料制造业	93

此外，实地调研法从调查具体项目所创造的就业岗位的角度，可以分析出投资不同过程对就业的拉动作用。例如，游怡（2011）提到，湖北省发改委、人社厅对 2011 年以来 49 个重点项目开展抽样调查，发现在建期间每亿元投资带动临时就业岗位 356 个；项目投入运营后，每亿元投资来长期就业岗位 38 个。再如，宁夏发改委课题组（2012）通过调查问卷方法调查了 2011 年宁夏 45 个在建重点项目产生的就业岗位，发现项目在建期间，平均亿元投资产生临时就业岗位 887 个；项目建成后，平均亿元投资产生就业岗位 75 个。可以看出，第三种方法依赖于项目性质和调查方法，不同行业、不同地区的重大项目，计算出的结果可能差距较大。

需要说明的是，根据调查实践经验，运用投入产出表计算出的带动 576 人就业增加是临时就业带动效果。在投资项目建成后，亿元投资创造的长期就业岗位为数十个。

四、投资对消费的带动效果

如前文分析，投资对消费的带动机制相对复杂，涉及多个环节，既可以直接带动消费，也可通过间接带动和乘数效应作用于消费。目前看，投资对消费的带动测算主要包括以下 2 种方法，计算结果大致相同，即增加 1 万元投资可形成 4400 元左右消费。

（一）基于资金流量表的测算

资金流量表描述了一定时期各机构部门收入的分配和使用，资金的筹集和运用情况的核算表，可以分析出投资带动居民部门收入和消费的作用。以2022年（最新数据）的资金流量表计算，增加1万元投资可形成4480元的居民消费。计算过程如下：

（1）从固定资产投资到固定资本形成和GDP：2022年，全社会固定资产投资为495966亿元，固定资本形成总额504834亿元。按此比例折算，1×495966/504834=1.018，即1元钱投资可形成1.018元的固定资本形成。根据GDP核算方法，固定资本形成是GDP的组成部分，1.018元固定资本形成则形成了1.018元的GDP。

（2）从GDP到居民可支配收入：根据资金流量表，2022年国内生产总值为1204724亿元，国民可支配总收入为1194401亿元，国民总收入约相当于GDP规模的99.1%。其中，住户部门（即居民）可支配收入为742883亿元，占国民总收入比重为62.2%。按此比例折算，1.018×99.1%×62.2%=0.628，即形成了0.628元的居民可支配收入。

（3）从可支配收入到最终消费：根据最新资金流量表，居民实际最终消费为530351.6亿元，占收入的比重为65.8%。按此比例折算，0.628×65.8%=0.448元，即形成了0.448元的居民消费。

（二）基于投入产出表的测算

在投入产出分析框架中，根据前文测算公式 $V2 = v2^* B^* CT$，即可计算出投资对初次分配中各行业劳动报酬的带动作用。根据投入产出表总最终消费支出C和总劳动报酬V的比例，可计算出基于劳动报酬的边际消费倾向。根据公式 $C = V2^* (C/V)$，即可算出单位投资对各行业消费的拉动情况，并可加总计算出投资对整体消费的拉动。

测算发现，增加1万元投资可带动4338元的消费增长。分别测算增加各部门增加1亿元投资的带动作用（见表5-7），可发现增加农林牧渔业、高技术服务业、建筑业、社会民生、基础设施等行业对消费的带动作用较大。从制造业细分行业看，增加消费品制造业和装备制造业的投资对消费的带动作用大于原材料制造业（见表5-8）。

表5-7　万元投资对各部门消费的带动

部门	万元投资带来的消费增长
农林牧渔业	5392.9
其他服务业	3398.8
高技术服务业	3341.2
建筑业	3150.0
社会民生	2889.8
基础设施（不含电力等）	2793.1
采矿业	1951.7
制造业	1619.0
房地产	1048.5

表5-8　增加制造业各部门万元投资对消费的带动

	万元投资带来的消费增长
其他制造业等	2053
消费品制造业	1865
装备制造业	1639
原材料制造业	1059

附表　增加各细分部门投资的带动情况

部门	万元投资带动劳动报酬增加	万元投资带动企业盈余增加	亿元投资带动就业增加	万元投资带动消费增加
农林牧渔产品和服务	5121.4	144	950	5392.9
煤炭采选产品	2312.0	1658	165	2434.5
石油和天然气开采产品	810.4	509	43	853.3
金属矿采选产品	1247.9	1079	71	1314.0
非金属矿和其他矿采选产品	3043.6	1141	160	3204.9
食品和烟草	1090.5	1196	128	1148.3
纺织品	1839.0	1117	310	1936.4

续表

部门	万元投资带动劳动报酬增加	万元投资带动企业盈余增加	亿元投资带动就业增加	万元投资带动消费增加
纺织服装鞋帽皮革羽绒及其制品	2409.6	1507	1094	2537.3
木材加工品和家具	1742.8	1218	496	1835.1
造纸印刷和文教体育用品	1772.3	1473	334	1866.2
石油、炼焦产品和核燃料加工品	300.8	636	24	316.8
化学产品	1213.9	1481	133	1278.2
非金属矿物制品	1633.0	2089	167	1719.5
金属冶炼和压延加工品	876.8	1323	50	923.3
金属制品	1989.2	1420	352	2094.7
通用设备	1619.1	1505	304	1704.9
专用设备	2282.4	905	218	2403.4
交通运输设备	1172.4	1303	157	1234.5
电气机械和器材	1274.6	1453	202	1342.2
通信设备、计算机和其他电子设备	1122.3	630	167	1181.8
仪器仪表	1437.0	1264	160	1513.2
其他制造产品和废品废料	1208.0	2720	112	1272.0
金属制品、机械和设备修理服务	2691.1	345	1099	2833.8
电力、热力的生产和供应	1385.9	868	100	1459.4
燃气生产和供应	922.0	742	119	970.9
水的生产和供应	2462.1	886	313	2592.6
建筑	2991.4	794	532	3150.0
批发和零售	2670.9	1130	537	2812.5
交通运输、仓储和邮政	2615.4	199	419	2754.0
住宿和餐饮	2865.3	435	1223	3017.1
信息传输、软件和信息技术服务	2463.3	1205	152	2593.9
金融	1127.1	2628	57	1186.9
房地产	995.7	1980	73	1048.5
租赁和商务服务	3882.7	44	312	4088.5
研究和试验发展	3814.9	440	91	4017.1
综合技术服务	3240.9	302	223	3412.6
水利、环境和公共设施管理	2689.7	696	689	2832.3

部门	万元投资带动劳动报酬增加	万元投资带动企业盈余增加	亿元投资带动就业增加	万元投资带动消费增加
居民服务、修理和其他服务	4430.1	200	896	4664.9
教育	3321.2	156	361	3497.2
卫生和社会工作	4776.1	134	421	5029.2
文化、体育和娱乐	3598.6	408	375	3789.3
公共管理、社会保障和社会组织	4390.2	34	342	4622.9

第六章 我国未来投资的优势条件和需要解决的重大问题

第一节 投资的优势条件

一、超大规模国内市场和经济实力，为扩大高质量投资提供需求基础

"十四五"以来，我国经济实力、科技实力、综合国力跃上了新台阶。世界银行报告显示，2013～2021 年，中国对世界经济增长的平均贡献率达38.6%，比七国集团（G7）成员国贡献率的总和高 12.9 个百分点。我国是全球第二大消费市场和第二大进口市场，是全球最大规模的汽车市场、消费电子产品市场和网络零售市场，每年新车销售量达 2700 万辆左右，是排在第二位的美国的 2 倍。我国中等收入群体总量已超过 5 亿人，人均国民收入已达 1.25 万美元，具有巨大的消费潜力。2022 年，我国居民消费占 GDP 的比重低于40%，与中等收入国家和高收入国家的平均水平还有较大差距（见图6-1）。当前，居民消费结构进入快速升级阶段，恩格尔系数已由 1978 年的

63.9%下降到2023年的29.8%。强大的经济实力、庞大的市场规模，为下一步扩大投资、消纳供给提供了巨大的需求基础。

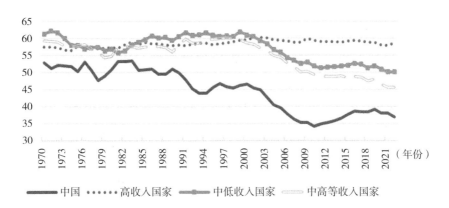

图6-1　1970年以来不同收入国家居民最终消费占GDP的比重

资料来源：世界银行。

二、推进以人为核心的新型城镇化，为扩大高质量投资提供潜力空间

2012~2022年，我国城镇化率年均增加1.21个百分点，年均增加2000多万城镇人口。下一步，新型城镇化由人口集聚和数量扩张阶段进入以人为本的高质量发展阶段，投资也必须适应城镇化发展的新特征，呈现更高质量的活力和韧性。一是城镇布局体系优化将推动投资新的聚集，产业和人口向优势区域集中，形成以城市群为主要形态的增长动力源；二是部分县城和特色城镇将走特色化、差异化发展道路，成为实现就近城镇化和承接产业转移的新载体；三是一批中小城市投资出现收缩，将减少城市土地开发，促进功能提升，发展特色产业，建设"小而精"的宜居城市；四是城市建设进入存量投资主导时代，由大规模增量建设转为存量提质改造和增量结构调整并重。2023年，我国常住人口城镇化率为66.1%，与发达国家相比仍有较大上升空

间。从国际经验看，在 60%~70% 阶段，城镇化率每提升 1%，将带动同期的人均资本存量增加 4.22%。我们测算，"十五五"时期城镇化水平预计在 68%~72%，城镇化率每提高 1 个百分点，将拉动投资增长 7042 亿~12376 亿元。

三、创新、产业、民生、消费等领域涌现较多投资机会

科技创新投资动力较强。当前全球新一轮科技革命方兴未艾，大国科技竞争愈演愈烈，美西方对我科技创新关键技术进行封锁围堵，我国亟须加强原创性引领性科技攻关，加强基础研究，建设重大科技平台，提升企业技术创新能力，尽快实现科技自立自强。同时，提升全要素生产率是我国经济持续发展的关键动力，实现全要素生产率的持续快速提升对我国实现愿景目标至关重要。当前，我国全要素生产率、人均研发经费、产业研发投入等与发达国家差距较大，仍有较大增长空间。

补链强链和产业升级投资增长势头较好。当前全球产业链供应链分工模式加快重构，各国产业链供应链布局从以成本、效率、科技为侧重转向以安全、稳定和政治为侧重。目前，我国产业链整体上处于中低端，大而不强、宽而不深，面临外部打压遏制可能出现受制于人的突出问题，只有加快建设现代化产业体系，打造完整而有韧性的产业链供应链，才能抢占未来产业竞争制高点，才能在大国竞争中立于不败之地。扩大制造业生产和升级需要资本投入建设厂房、购买设备，产业发展需要投资形成供给能力。我国下一步产业投资将适应全球产业发展和供应链重塑趋势，优化产业链布局，提升产业竞争能力。

民生和公共领域投资需求较大。从人口变动结构来看，老龄化程度持续加深，对医疗和养老的需求将持续增加。第七次人口普查数据显示，我国 60 岁以上人口占比为 18.7%，其中 65 岁以上人口占比达 13.5%，与第六次全国人口普查相比显著上升。同时，群众在就业、教育、医疗、托育、住房等方

面仍存在不少困难，说明在这些领域投资仍存在较多短板弱项。此外，从释放"人口红利"的角度来讲，在劳动力供给数量下降的情况下，只能通过提高劳动力质量来实现，即通过提高劳动力身体素质延长实际工作年限，提升劳动力知识技能水平提升劳动生产率。加大教育、医疗、养老等民生领域投资是提升公共服务能力的基础，加大民生投资仍有巨大需求。

消费关联领域投资增长潜力较大。2015 年以来，我国社会消费品零售总额增速超过固定资产投资增速，大部分年份最终消费支出对国内生产总值增长的贡献率超过 50%。当前，我国居民消费率还明显低于高收入国家水平，消费潜力空间较大。未来随着我国人均收入水平的持续稳步提升，居民消费能力和信心的修复，消费将迎来快速增长和结构转型，也将成为下一步引领投资方向优化和快速增长的动力。

基础设施高质量发展投资空间较大。目前我国基础设施整体水平世界领先，但同国家发展和安全保障需要相比还有差距。我国致力于打造集高效、经济适用、智能绿色、安全可靠的现代化基础设施体系，基础设施投资空间巨大。

四、利率汇率等融资成本保持相对稳定

近年来，我国持续实行稳健的货币政策，中央经济工作会议提出要保持流动性合理充裕，社会融资规模、货币供应量同经济增长和价格水平预期目标相匹配。2023 年我国 M2 保持 10% 左右的增速，贷款利率水平持续下降，固定资产投资的融资成本总体相对较低。2024 年，在稳增长的政策目标下，预计货币发行量总体相对稳定，不会出现紧缩性政策。随着中央金融工作会议的贯彻落实，金融机构将进一步加大对科技创新、绿色发展、小微企业等领域支持力度，对制造业技术改造投资的支持力度也将进一步持续，重点领域产业投资的成本有望保持稳定或进一步降低。在汇率方面，预计国内货币政策继续保持稳定、美国加息步伐有所放缓，随着国内经济企稳回升，人民

币汇率贬值压力降低，也将保持基本稳定，货币成本不会出现大幅波动。

第二节　需要解决的重大问题

当前，我国固定资本形成总量居世界第一，2021 年在全球占比接近 30%，投资率也远高于世界主要发达和新兴经济体。长期看，我国需要在巨大基数和存量的基础上实现扩量提质，应着力解决以下重大问题。

一、地方财政收支矛盾突出，传统土地财政和债务融资模式难以持续

传统的土地财政和债务融资模式曾经为投资的快速增长注入了强劲动力。当前，房地产市场深度调整，地方政府债务风险上升，人口老龄化导致政府刚性支出增加，大规模的存量资产亟待维护改造，以往以土地财政为主的地方政府投融资模式已难以为继。

地方政府反映，财政收支矛盾突出，偿债和化债压力较大，制约投资能力。一是地方财政收支缺口加大。2023 年，31 个省级行政区广义财政收支缺口合计达 14.60 万亿。其中，2023 年全年实现的一般公共预算收入为 11.72 万亿元，扣除对应支出后缺口为 11.77 万亿元；实现政府性基金预算收入为 6.62 万亿，扣除对应支出后缺口为 3.02 万亿；实现国有资本经营预算收入为 4426 亿元，扣除对应支出后盈余 1893 亿元。从一般公共预算看，没有一个省份实现财政盈余，缺口较大的省份从高到低依次为四川、河南、湖南、湖北、河北、江苏、山东、安徽、广东、云南、江西等地。

二是地方土地出让收入大幅下降。2023 年，地方政府性基金收支中，仅

上海不存在缺口，其他缺口较大的省份从高到低依次为广东、山东、安徽、河北、四川、河南、福建、浙江等地。具体看，2022年、2023年和2024年上半年，地方本级政府性基金收入分别同比下降21.6%、10.1%和17.4%，房地产业深度调整造成地方政府土地出让收入大幅下降，可用于投资建设的资金急剧减少。

三是地方政府债务还本付息压力加大。2019年以来，我国地方政府债务余额年均增速在15%左右，远高于同期名义GDP增速。截至2024年上半年，我国地方政府债务余额为42.6万亿元，其中一般债余额16.25万亿元、专项债余额26.35万亿元。2022年、2023年和2024上半年，地方政府债券还本付息总额分别为3.9万亿、4.9万亿和2.3万亿元。地方政府债务累积，还本付息压力持续上升。隐性债务方面，市场根据城投债规模进行了估算，大致规模在20万亿~60万亿元。

专栏6-1　对我国地方政府隐性债务的估算

我国地方政府隐性债务规模并无官方数据披露，具体有多大规模很难说清楚。依据当前一些官方机构和学者的测算，隐性债务存量规模较为庞大。

据国际货币基金组织（IMF）预测，2021年和2022年中国地方政府隐性债务将达到61.40万亿元和71.30万亿元，占当年GDP的比重分别将上升到54.4%和59.4%。

国际清算银行（BIS）数据显示我国2020年政府部门信贷的名义价值为68.05万亿元，结合财政部公布的2020年末我国政府债务余额为46.55万亿元，BIS数据与官方口径的政府债务余额差额可理解为BIS认定的地方政府隐性债务规模，为21.50万亿元。

截至2022年末，中诚信国际口径隐债规模在52万亿~58万亿元，增速从2017年的18%以上压降至2022年的11%以下。

据中泰证券首席经济学家李迅雷估算，到2022年末，全国城投有息债务为51.96万亿元。

根据2023年3月财政部原部长楼继伟在《比较》杂志上发表的《新时代中国财政体系改革和未来展望》一文中表示，地方政府隐性债务余额数据没有官方统计，市场估计在30万亿~50万亿元。

2023年7月27日，瑞银亚洲经济研究主管汪涛发文称，瑞银估算我国2022年底地方融资平台债务余额为59万亿元（全都未计入地方政府显性债务）。其中，估计约73%（43.07万亿）的地方融资平台债务属于地方政府隐性债务，而其余部分则属于商业性企业债务。

资料来源：吴玮、陶梦欣，专题三：地方政府性债务现状，https：//mp. weixin. qq. com/s/HuRuRnVRb2GLH_ dmdSyUBQ。

四是地方统筹化债和发展难度加大。2023年以来，国务院办公厅相继发布《关于金融支持融资平台债务风险化解的指导意见》（国办发〔2023〕35号文，简称35号文)、《重点省份分类加强政府投资项目管理办法（试行）》（国办发〔2023〕47号文，简称47号文)，对地方政府债务风险防范和化解提出了更强约束。例如，以西部某省2024年省级重大工程项目名单共包括3086个项目，年度预期投资3197.44亿元。与2023年相比，不仅项目数量减少1000多个，投资额更是骤减约4800亿元，降幅达到60%。同时，47号文的影响正在对其他省市产生示范效应。调研中，部分省份均表示，将按照47号文要求对辖区内，债务风险级别高的地市政府投资项目加强管理，也对下一步投资增长形成制约。未来一段时期，构建有约束、多元化、可持续的地方政府债务融资模式，形成投融资新动力成为当务之急。

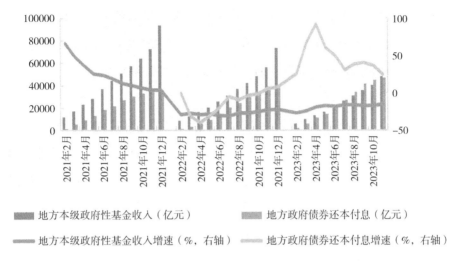

图 6-2　2021 年以来地方本级政府性基金收入和债券还本付息情况

二、现有投融资模式难以满足全部融资需求

（一）当前各类政府投资工具的使用特点

当前，政府投资主要采取中央预算内、地方政府专项债券、政策性开发性金融工具、特别国债或长期建设国债等方式。

1. 中央预算内投资

中央预算内投资，是国家发展改革委负责安排、用于固定资产投资的中央一般公共预算资金。2021 年、2022 年、2023 年、2024 年中央预算内投资的规模分别为 6100 亿元、6400 亿元、6800 亿元和 7000 亿元，约占当年财政总支出的 2.5% 左右。

支持方向：中央预算内投资总体上投向市场不能有效配置资源的领域，应符合《政府投资条例》的有关规定，主要包括：社会公益服务、公共基础设施、农业农村、生态环保、重大科技进步、社会管理、国家安全、重大区域战略等领域。

支持方式：中央预算内投资的支持方式包括直接投资、资本金注入、投资补助和贷款贴息等。其中，直接投资主要投向非经营性项目，对确需支持的经营性项目，主要采取资本金注入方式，投资补助主要对符合条件的地方和企业投资项目进行投资资金补助，贷款贴息主要补贴使用了中长期贷款的投资项目。

主要特点：一是主要支持国家重大战略，如支持科技创新、保持粮食、能源和产业链供应链安全可靠，实现"双碳"目标和推动生态环境保护，推动区域协调发展等。二是应用范围相对灵活，可以支持中央项目，或中央和地方共同承担的项目，可以支持非经营性项目，或确需支持的经营性项目。

2. 地方政府专项债券

地方政府专项债券，是省级政府为有一定收益的公益性项目发行的、约定以项目对应的政府性基金或专项收入还本付息的政府债券。2021 年、2022 年、2023 年地方政府专项债券安排发行规模分别为 3.65 万亿元、3.65 万亿元、3.8 万亿元和 3.9 万亿元。

支持方向：专项债券的投向主要根据国务院有关部署确定，目前包括交通基础设施、能源、农业水利、生态环保、社会事业、城乡冷链等物流设施、市政和产业园区基础设施、国家重大战略项目、保障性安居工程、新型基础设施和新能源项目等领域。

支持方式：专项债券资金主要是债务性资金，应当以单项政府性基金或专项收入为偿债来源。对于专项债券支持、符合中央重大决策部署、具有较大示范带动效应的重大项目，在评估项目收益偿还专项债券本息后专项收入具备融资条件的，允许将部分专项债券作为一定比例的项目资本金。

主要特点：一是支持有收益的项目，需要足量优质项目储备。二是近年来成为地方政府投资的最重要资金来源。三是需要结合专项债务限额、地方债务风险和财力情况向地方分配。

3. 政策性开发性金融工具

政策性开发性金融工具是 2022 年由中央部署、各部门配合、三家政策性银行发行的金融工具，共投放7399亿元，支持2700多个项目开工建设。

支持方向：一是五大基础设施重点领域，交通水利能源等网络型基础设施、信息科技物流等产业升级基础设施、地下管廊等城市基础设施、高标准农田等农业农村基础设施、国家安全基础设施；二是重大科技创新等领域；三是其他可由地方政府专项债券投资的项目。

支持方式：三家政策性银行设立股权投资基金，按照市场化原则进行评审和决策，以股权方式参与项目投资，用作重大项目建设的资本金，或为专项债项目资本金搭桥。中央财政基金按股权投资金额给予2个百分点的贴息。基金投资的项目，三家银行还可以进行适当比例的配套贷款支持。

主要特点：一是市场化程度较高，主要投向有收益的项目，投向上以经济大省、东部地区为主。二是配套建立了推进有效投资重要项目协调机制，各部门联合办公、并联审批，地方政府积极配合，重大项目落地开工和形成实物工作量的进度较快、效率较高。

4. 特别国债或长期建设国债

2023年增发国债。2023年，十四届全国人大常委会第六次会议审议通过增发国债事项，决定增发1万亿元国债，在2023年和2024年分别安排5000亿元。国债资金全部按项目管理，集中力量支持灾后恢复重建、重点防洪治理工程、自然灾害应急能力提升工程、其他重点防洪工程、灌区建设改造和重点水土流失治理工程、城市排水防涝能力提升行动、重点自然灾害综合防治体系建设工程、东北地区和京津冀受灾地区等高标准农田建设等八个领域。此次国债由中央进行还本付息，依托国家重大建设项目库支持一批符合投向领域、前期工作成熟、经济社会效益较好的项目。

2020年特别国债。2020年，中央确定发行1万亿元抗疫特别国债，主要通过转移支付机制直达基层，用于公共卫生等基础设施建设和疫情防控相关支出。其中，7000亿元通过政府性基金转移支付下达至县市，纳入政府性基金预算管理，用于公共卫生体系建设、重大疫情防控救治体系建设、粮食安全及基础设施建设等 12 个领域。3000 亿元资金到账后调入一般公共预算，通过特殊转移支付机制下达至县市，主要用于减免房租补贴、重点企业贷款贴息等 6 个领域。

1998~2008 年的长期建设国债。1998~2008 年，我国累计发行 1.13 万亿长期建设国债，主要分为两个阶段：1998~2004 年，为应对亚洲金融危机的不利冲击，中央加大逆周期宏观调控力度，实施积极财政政策，每年发行规模在 1000~1500 亿元，约占 GDP 规模的 1.2%~1.5%；2005~2008 年，我国经济开启新一轮快速增长，长期建设国债发行规模逐渐调减，主要以满足在建项目资金需求为主，每年发行规模从 800 亿元下降至 300 亿元。长期建设国债资金主要用于基础设施建设、环境保护、西部大开发以及其他需要国家支持（包括装备工业技术改造、社会事业发展等）的建设项目。使用方面，长期建设国债属于一般国债，纳入国家预算内基本建设资金管理范围，部分纳入中央政府财政赤字，部分由中央代表地方举借，通过中央转贷给地方用于基建项目。

主要特点：一是用途相对多样。既可以支持重大项目投资，提升经济社会服务能力，也可以补助或转贷地方。部分特别国债还有支持金融机构改革、解决国家重大危机等功能。二是中央政府负债，有利于减轻地方政府投资压力。三是需要财政货币工具配合，在金融市场发行国债，需综合考虑利率和金融市场环境。

（二）现有投融资模式存在的问题

第一，专项债发行管理要求与地方投资需求存在偏差，制约资金使用效率进一步提升。当前，地方政府专项债已成为大部分地区基础设施投资最主要的资金来源，但地方实际需求与专项债发行管理要求仍不能有效匹配。一是专项债权针对有收益项目，公益性项目投资存在较大资金缺口。经过多年大规模发行地方政府专项债，符合专项债发行条件的优质项目越来越少，专项债使用"一般债化"情况较为普遍。使用在政府财力紧张的情况下，大量没有收益或收益较低的公益性项目投融资需求无法得到满足。例如，国家审计署 2023 年报告指出，重点审计的 54 个地区中有 20 个地区通过虚报项目收入、低估成本等将项目"包装"成收益与融资规模平衡。截至 2024 年 5 月，地方政府专项债余额已达 26.1 万亿元。目前，部分地区已出现由于项目收益无法平衡甚至无法覆盖利息，只能用其他财政资金垫付的情况，进一步加大了财政压力。二是专项债审核、发行、拨付、使用等环节的协同性不足。多地市反映，专项债券每年申报审核频次较低、时间紧，与部分项目建设需求难以完全匹配，项目仓促申报，"项目等资金"和"资金等项目"现象并存。三是续建项目审核不通过，在建项目后续难以形成实物工作量。地方普遍反映，尽管开辟了续发项目申报专项债的绿色通道，但目前仍存在很多续建项目审核不通过、在建项目无资金支持的情况，导致项目停工形成"半拉子"工程，难以形成后续实物工作量。

第二，项目可用投融资方式有限、配套融资不足，制约政府资金更好发挥撬动作用。调研发现，地方在使用各类投融资方式时受限较多，制约政府资金发挥"四两拨千斤"撬动作用。盘活存量资产方面，多地反映政府持有的大部分资产收益较低、对社会资本缺乏吸引力，并且对盘活存量资产的定义、标准把握不到位，操作方式不了解，实际推进工作的难度较大。政府和社会资本合作（PPP）方面，调研发现多地 PPP 项目已趋饱和，财政支付占比逼近财政部 10% 的"红线"要求，未来可用于 PPP 项目的能力空间有限。平台公司投资方面，多地反映目前融资平台公司以防范风险、化解存量债务为主，经济下行导致平台公司化债进度放缓、市场化融资能力下降，对未来项目投资的支持力度有限。政策性开发性金融工具方面，西北、东北等地反映该工具对投资规模、项目收益等方面的门槛较高，本地项目大多难以符合要求，申请难度较大。配套融资方面，地方反映即使获得项目资本金支持，但在促进商业银行跟进配套融资方面仍缺乏相关政策，剩下的债务资金筹措仍面临较大困难。

第三，超长期国债管理机制仍待理顺。2024 年以来，中央决定新增发行超长期特别国债 1 万亿元，专项用于国家重大战略实施和重点领域安全能力建设。调研发现，由于财政压力较大、投资资金短缺，地方对申请超长期国债资金的积极性较高。尤其是对于 12 个化债省份而言，由于一般债和专项债项目受到严格限制，投资资金来源面临断崖式下降，统筹"债务防范化解与稳定发展"，只能寄希望于更多依靠超长期国债的支持，增强发展后劲。然而，地方反映，超长期国债资金管理和偿还等机制仍未完全明确，相关文件传达的层级和范围也相对有限，地方对重大战略和重点领域安全能力建设项目的理解并不完全到位。

三、需求不足预期不稳影响民间投资活力

民间投资一般具有三方面特征，一是决策自主性强，由社会投资者自主决策、自发推动，且决策机制灵活、决策时间较短；二是市场适应性强，善于贴近市场、发现潜在需求，扩大有效供给，且具有较强的创新动力；三是风险约束性强，社会投资者自负盈亏、自担责任，盲目扩张、投资浪费的可能性较小，投资效率较高，推动形成更多有效投资。近年来，国内外环境发生深刻复杂变化，民间投资主体特别是中小企业面临订单下滑、利润下降的问题，导致投资能力和信心下降，投资意愿不足。2018 年来，狭义货币（M1）同比增速长期低于广义货币（M2）增速（见图 6-3），两者剪刀差反映出居民和企业更愿意将钱放在定期存款，短期内投资消费意愿不足。2023 年以来剪刀差进一步扩大，说明企业短期内扩大投资意愿进一步下降。

市场需求相对疲软，是制约民间投资的最大因素。"十四五"以来，受疫情冲击、外部形势复杂严峻等因素影响，我国制造业 PMI 波动较大，经常位于荣枯线以下。尤其是新订单 PMI 和新出口订单 PMI 指数，长期相对偏低。2022 年、2023 年和 2024 年上半年，制造业产能利用率分别为 75.8%、

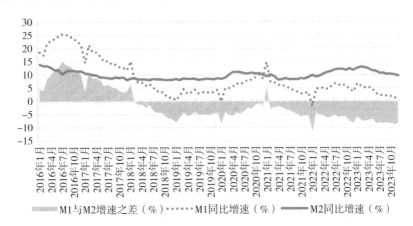

M1与M2增速之差（%）·····M1同比增速（%）———M2同比增速（%）

图 6-3　2016 年以来 M1 和 M2 同比增速

75.3% 和 74.5%，而 2017～2019 年的产能利用率分别为 77.4%、75.9% 和
77.0%，反映出近年来我国产能利用率有所下降。

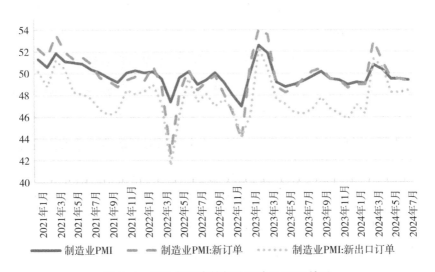

———制造业PMI　———制造业PMI:新订单　·····制造业PMI:新出口订单

图 6-4　2021 年以来的部分制造业 PMI 情况

四、体制机制不顺制约民企参与重大项目

从实践来看，尽管各项政策不断降低社会投资门槛，鼓励社会资本在基

础和公共服务等领域扩大投资，但部分领域仍存在一定准入限制，使得市场中大量经济活动在得到行政许可后才能进行。即使在一些放开准入门槛的领域，民间投资参与投资仍存在一些"玻璃门""弹簧门""旋转门"。

一是专项债等财政资金与民间投资项目不兼容。尽管政策层面没有明确将民间投资项目列入专项债投向领域禁止类项目清单，但实操中民间资本参与专项债项目投资的路径不畅，"专项债+PPP等民间投资项目"的成功案例罕见。增发国债项目也存在类似情况。多家企业反映，原本已开始与地方政府对接项目前期工作且推进顺利，但只要出现优惠力度很大的上级财政资金或政策工具，地方政府就会放弃与民营企业的合作。在专项债券、国债已成为地方重大项目主要建设资金来源的情形下，如上述资金在实操层面不支持民间投资项目，势必收窄民间资本参与地方重大项目投资建设的渠道。

二是造成民营企业融资难融资贵的机制性问题仍然存在。从金融体系看，在间接融资方式主导下，我国国有商业银行仍居于垄断地位，缺乏专营的小微金融机构，更倾向于支持资产规模较大、信用较好的国有企业，民营企业的融资可得性相对较差。同时，资本市场的融资规模相对较小，难以满足民营企业的资金需求。以制造业为例，至2021年底我国共有超过3000家制造业上市企业，但我国规模以上工业企业数量在36万家左右，意味着99%的制造业企业都难以在资本市场获得融资，资本市场对制造业企业的支持力度明显不足。从融资成本看，尽管近年来融资环境相对宽松，各项政策对实体经济融资的支持不断加大，但民营企业普遍申请贷款中间环节多、收费高、难度大，贷款利率也相对较高，企业贷款时还要向担保公司缴纳担保费、评估费等费用，民间投资的融资成本总体较高。

五、房地产开发投资深度调整拖累投资增长

近年来，房地产开发投资对整体投资增速拖累较大。2023年以来，尽管国家层面不断优化房地产调控政策，但政策效果仍待显现。调研显示，房地

产项目价格持续走低、政府政策的频繁发布，导致市场信心不足，加剧了客户端观望情绪。房地产市场相关指标处于大幅下降状态，仍未出现企稳回升迹象。

土地成交方面，2021~2024年上半年，100个大中城市土地成交面积分别同比增长-10.1%、3%、-18.9%和-10.7%，说明企业拿地投资意愿持续下降，难以对未来一段时期房地产投资形成支撑。房屋新开工和施工方面，2021~2024年上半年房屋新开工面积分别同比增长-11.4%、-39.4%、-20.4%和-23.7%，房屋施工面积分别同比增长5.2%、-7.2%、-7.2%和-12%，新开工面积的大幅负增长传导至施工面积端，说明当前房地产投资在建规模仍在持续下降。房屋销售方面，2021~2024年上半年，商品房销售面积分别同比增长1.9%、-24.3%、-8.5%、-19%，待售面积分别同比增长2.4%、10.5%、19%和15.2%，反映出房地产销售面积持续下降，待售的库存面积仍然较大，市场销售端也处于调整之中。

表6-1 2021~2024年上半年房地产投资相关指标同比增速（%）

	2021年	2022年	2023年	2024年上半年
100大中城市土地成交面积	-10.1	3	-18.9	-10.7
房屋新开工面积	-11.4	-39.4	-20.4	-23.7
房屋施工面积	5.2	-7.2	-7.2	-12
商品房销售面积	1.9	-24.3	-8.5	-19
商品房待售面积	2.4	10.5	19	15.2

六、稳外资难度持续加大

近年来，全球经济增长动力减弱，地缘政治风险上升，叠加前期新冠肺炎疫情的尾部效应，在一定程度上降低了跨国企业投资意愿，外商直接投资规模下降。同时，美国大力推行"脱钩断链"，出台多项对华投资限制措施，跨国公司出于降低成本和分散风险的考虑，推动供应链多元化、近岸化，再叠加许多国家出台优惠政策吸引外商投资，与我国吸引外资形成竞争，均对我国下一步吸引外资形成挑战。2021~2024年上半年，我国固定资产投资资金来源中，利用外资分别同比下降10.9%、19.8%、17.5%、41.9%，稳外资压力较大。未来一段时期，全球形势复杂性、严峻性、不确定性将进一步上升，我国必须克服困难，展示出长期开放绝不动摇的决心，加强制度型开放，才能增强外资在华发展的底气和信心，更大力度地吸引和利用外资（见图6-5）。

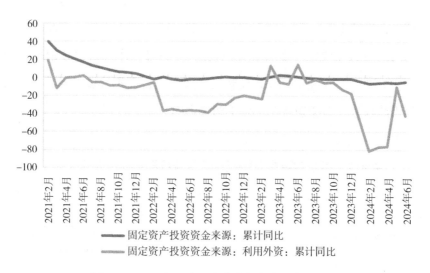

图6-5 2021年以来固定资产投资资金来源增速

第七章 我国未来投资的变化趋势

第一节 投资总量未来变化趋势

从人口结构变化趋势看，"十五五"时期我国储蓄率和投资率将逐步下降。我国劳动年龄人口占比在 2010 年达到 74.5% 的峰值后开始下降，2022 年为 68.5%，较峰值下降 6 个百分点。同时，储蓄率和投资率在 2010~2011 年达到峰值后，也呈现出波动下降的趋势。2023 年投资率为42.1%，与高峰时期相比下降 4.6 个百分点。2020~2021 年，我国居民储蓄率均值为 36.9%，较 2018~2019 年均值增加 2.13 个百分点。随着时间推移，人口老龄化问题日渐突出。劳动年龄人口占比下降，人口抚养比上升，加之社会保障水平不断完善，新生代消费观念转变，储蓄率渐呈下降趋势。投资需要储蓄来支撑，储蓄率下降，投资率也将随之下降。随着疫情的影响逐渐消退，我国储蓄率将重回下降轨道，投资率也将逐渐下降。

从国际经验看，部分东亚经济体的投资率在人均 GDP 达到 1.2 万美元后开始下降。从东亚主要经济体投资率走势来看，投资率水平均在按购买力平价计算的人均实际 GDP 达到 1.2 万美元（2017 年美元不变价）附近时出现下降，逐渐从 40% 左右下降至 30%，进而下降至 20%。2019 年我国

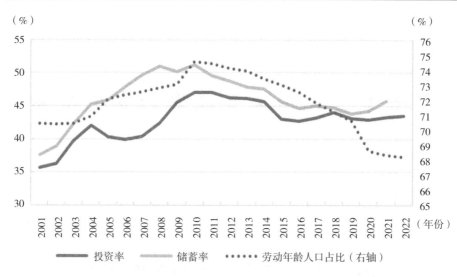

图 7-1　2001 年要我国投资率、储蓄率和劳动年龄人口变化情况

人均实际 GDP 为 1.4 万美元，大致相当于 20 世纪 70 年代初的日本、20 世纪 90 年代初的韩国、20 世纪 80 年代中期的中国台湾地区，这些国家及地区在这个时期开始进入投资率下降阶段。此外，当前我国投资率高于 40%，超过世界绝大多数经济体，明显高于中高收入国家和高收入国家的平均水平。世界银行数据显示，2020 年，中高收入国家和高收入国家投资率平均水平分别为 35.3% 和 22.4%，低于我国 7.8 和 20.7 个百分点。当前世界上大多数发达经济体投资率水平也都维持在 20% 左右。由此可知，我国投资率下行符合经济发展的一般规律，预计在较长一段时期内我国投资率都将呈下降趋势。

经测算①，"十五五"投资率将下降至 39.2%，投资年均实际增速约为 3.55%。利用生产函数法，结合不同情景假设，对"十五五"时期潜在经济增速、投资增速和投资率等关键指标进行测算。测算显示，相较于"十四五"时期年均 5.3% 左右的经济增速，"十五五"时期，我国 GDP 年均潜在

---

① 邹晓梅，"十五五"扩大高质量投资总体思路研究，宏观院 2024 年重点课题。

增速将放缓至 3.80%～4.63%，其中，全要素生产率（TFP）年均增速在
1.91%～2.44%。随着经济发展水平不断提高，产业结构不断升级，服务业比
重上升，高技术产业加快发展，这些行业对投资的依赖程度较资源型产业、
重化工业等传统产业显著降低。据测算，"十五五"时期，我国投资率将延
续下降趋势，"十五五"期末，投资率预计将下降至 39.2%，固定资产投资
年均实际增速大约为 3.55%。

表 7-1　"十五五"经济增长及投资指标预测①

	经济增速（%）	要素拉动				期末投资率（%）	年均投资增速（%）
		TFP	固定资本	劳动力数量	人力资本		
情景 1	3.80	1.91	2.15	-0.60	0.34	39.7	3.5
情景 2	3.95	1.98	2.15	-0.52	0.34	38.5	3.5
情景 3	4.08	1.91	2.15	-0.32	0.34	39.0	3.5
情景 4	4.35	2.44	2.16	-0.6	0.34	39.8	3.6
情景 5	4.63	2.44	2.16	-0.32	0.34	39.1	3.6

---

① 注：劳动年龄人口平均受教育年限依据"十四五"规划和《中国教育现代化 2025》目标进
行倒退。情景 1，以 2000～2023 年固定资本形成、就业数量和估算的 TFP 数据进行趋势外推。情景 2，
以 2000～2019 年固定资本形成、就业数量和估算的 TFP 数据进行趋势外推。情景 3，假设我国逐步通
过延长法定退休年限等措施逐渐提高 15～64 岁人口劳动参与率，减缓我国就业人口下降趋势。其余变
量变化趋势与情景 1 相同。情景 4：假设"十五五"时期，通过改革、开放和创新，使生产要素组合
更有效率，使技术进步为生产率赋能，TFP 增速呈上升趋势。同时，技术进步、资源要素配置效率增
加带动固定资产投资增速较趋势外推值增加。其余指标与情景 1 相同。情景 5：假设我国通过劳动力
市场、国有企业等领域改革以及技术创新，使得我国就业人数下降趋势放缓，TFP 实现稳中有升。

第二节　各领域投资变化趋势

一、制造业投资增速略高于整体投资增速

我国已进入工业化后期阶段，从规律上看制造业占比不会大幅提升。但另一方面，"十五五"时期，扩大制造业投资是形成和发展新质生产力的重要条件，未来仍是我国扩大投资的重点方向。在保持制造业增加值占比稳定目标下，制造业投资需要保持一定的增速。从趋势看，"十四五"以来制造业投资增速明显高于整体投资增速（见图7-2），但工业产能利用率却相对较低，有一定的产能过剩风险，"十五五"时期制造业投资继续保持高速增长的难度也相对较大。综上考虑，预计"十五五"时期，制造业投资增速将略高于整体投资增速，年均实际增速大约在4%。

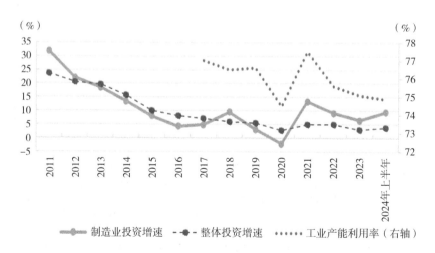

图7-2　"十四五"制造业投资相关指标情况

从内部结构看，高端化、绿色化、智能化方面的制造业投资将实现较快增长，尤其是航空航天、电子信息、生物医药、精细化工等高技术制造业领域投资预计将保持较快增速。此外，鉴于提升全要素生产率、实现科技自立自强是"十五五"时期全社会的重要任务，预计研发投资、知识产权产品投资也将大幅增加。

二、房地产开发投资将维持低速增长

当前，我国城镇范围内实现了"户均一套、人均一间"的住房水平，进入住房总量充裕阶段。从中长期看，受人口结构变化与城镇化进程放缓影响，房地产行业规模需向新的均衡水平调整。从国际经验看，房地产市场的调整和出清难以在短期内完成。次贷危机期间，美国住宅投资大幅下滑，占私人投资的比重大幅下降，2011年下滑至16.6%，较2005年峰值下降了18.3个百分点。2012年起，美国住宅投资才企稳，在私人投资中的占比开始回升。日本房地产泡沫破灭后，住宅投资在资本形成中的占比从1988年的19%下降至1992年的15.6%。综合判断，"十五五"时期，城镇新增住房需求规模将调整至10亿~11亿平方米，较"十四五"期间下降约20%，房地产开发投资增速预计在2%左右，在整体投资中的占比均值从当前的22.05%下降至17.3%。

从内部结构看，一线城市、区域中心城市的房地产开发投资有望率先复苏。在政策推动下，保障性租赁住房、平急两用基础设施和城中村改造等房地产相关投资预计将实现较快增长。顺应人民对美好生活的需要，对接绿色节能、高科技赋能发展趋势，预计改善性、品质提升性住房投资仍有增长空间。

三、基础设施投资略低于整体投资增速

尽管"十四五"以来基础设施投资增速高于整体增速（见图7-4），但

图 7-3 1994~2015 年美国、日本的住宅投资占比

受传统基础设施投资空间缩小、投资边际收益下降，以及地方政府财力紧张、债务负担较重等因素影响，预计中长期看基础设施投资增速将逐渐放缓。"十五五"时期，基础设施（不含电力等）投资增速预计略低于整体投资，增速大约在3%。

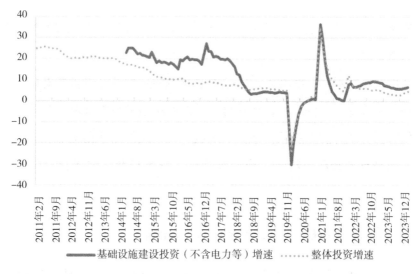

图 7-4 "十四五"时期基础设施建设投资增速高于整体投资

从内部结构看，受新一代信息通信技术大发展推动，以信息基础设施、融合基础设施和创新基础设施为代表的新型基础设施将继续成为政府支持和社会投资的热点。传统基础设施建设由大通道、大骨干向毛细血管延伸，新建投资空间收窄，存量改造提升及运营维护投资将明显增加。同时，伴随交通运输和信息通信技术日益发达，社会生产和生活方式不断转变，物流仓储领域投资将快速增加。极端自然灾害频发，水利领域短板凸显，"十五五"时期，水利投资仍将延续增长态势。

四、能源领域投资将保持快速增长

我国实现"30.60"碳达峰碳中和目标时间紧、任务重。为了实现2030年碳达峰目标，资金、人才和技术等要素保障将向绿色低碳领域倾斜。清洁能源生产、储存、运输领域投资，以及终端用能部门绿色化、低碳化投资将快速增长。"十五五"时期，电力、热力、燃气及水生产和供应业投资增速有望持续保持在10%以上，占整体投资的比重将上升至8%左右。

图7-5　2011年以来的电力、热力等行业投资增速

五、民生领域投资将保持稳定增长

伴随居民收入水平提升及人口结构变动，居民对教育、医疗、养老、托育等服务的需求增加，推动社会民生领域投资快速增长。2013 年以来，我国教育、卫生和社会工作投资增速就持续高于整体投资增速。当前，我国民生领域短板依然突出，"十五五"时期的投资预计将更加着眼于满足人民对美好生活的需求，民生领域投资将进一步扩大。

从内部结构看，教育领域投资年均增速将保持在 8% 左右，占整体投资的比重有望上升至 3.2% 左右；卫生和社会工作领域投资将保持在 10% 左右，占整体投资的比重有望上升至 3% 左右。教育领域投资将聚焦于研发投入、职业教育、实训基地建设等领域；卫生和社会工作领域投资将聚焦于医养结合、养老设施、社会福利设施建设等领域。

六、基于存量的投资需求明显增加

据估算，截至 2023 年，我国实际物质资本存量达 353.9 万亿元（2020年价格），按照 8.5% 的折旧率计算，每年至少需要 30 万亿元的投资才能弥补折旧。随着我国资本不断累积，存量资产规模显著攀升，基于存量的投资空间巨大，运营维护类、更新改造类投资将快速增长。"十五五"时期，基于存量的投资增速大约在 5%，用于弥补折旧的投资占年度投资的比重均值为 65%。

第三节　城镇化率提升可带动的投资测算

一、基于国际经验的测算

分析 2017 年全球 156 个经济体的统计数据后发现，城镇化率与人均资本存量呈上抛物线的关系（见图 7-6）。在城镇化率达到 80% 以前，其对人均资本存量的带动效应一直都发挥作用，尤其是在城镇化率进入 60% 之后，人均资本存量的提升幅度就越大。当前，我国城镇化率在 60%~70%，且人均资本存量尚未达到 10 万美元（2019 年为 69473 美元），城镇化对投资需求的带动具有较大潜力。

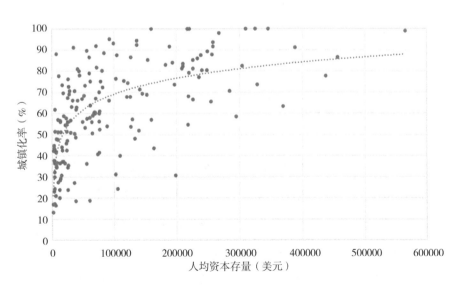

图 7-6　全球各国城镇化率与人均资本存量的关系（2019 年）

按照 S 型城市化增长曲线的 4 个阶段，依次计算全球主要经济体的人均资本存量后发现，各国人均资本存量随城镇化率不断提升而走高（见表 7-2）。在城镇化率 0~20%、20%~50%、50%~60%、60%~70%，每一阶段的人均资本存量平均值是前一阶段的 3 倍以上；在 70%~100% 阶段，人均资本存量平均值 50%~70% 的 2 倍左右，增速有所放缓。我国城镇化率 60%~70% 的人均资本存量将是过去 10 年（2010~2019 年）对应城镇化率 50%~60% 的 1.5 倍。

表 7-2 在不同城镇化率水平下的人均资本存量变化情况

城镇化阶段	城镇化率的变化特征	人均资本存量的平均值（以 2017 年不变价美元计）	样本数量
初始阶段	达到 20% 之前	4051	1107
加速阶段	从 20% 增加至 50%	14869	2880
减速阶段	从 50% 增加至 70%	61105	2062
	50%~60%（对应我国 2010~2019 年）	48676	1055
	60%~70%（对应我国"十四五""十五五"时期）	74125	1007
饱和阶段	进入 70%（特别是 80% 以后）增速放缓	121901	2043

资料来源：世界银行、宾氏表。

对全球 158 个经济体的数据进行计量分析，研究人均资本存量、城镇化率之前的变动关系，结果表明：城镇化率的提升会带动人均资本存量的增加。从数量关系的经济含义看，在其他因素不变的前提下，城镇化率每提升 1 个百分点，该经济体的人均资本存量平均增加 1480 美元。其中，在城镇化 20%~50%、50%~70%、70%~100%，在其他因素不变的前提下，城镇化率每提升 1 个百分点，人均资本存量分别增加 515 美元、1995 美元、7000 美元。

如对应到我国当前所处阶段，2023 年我国城镇化率为 66.1%。从国际经验看，城镇化率在 66%~70%，每提升 1 个百分点，将带动同期的人均资本存量增加 3681 美元。如按 14 亿人口、2023 年人民币兑美元平均汇率估算，对应我国总资本存量将增加 36.07 万亿元。

二、基于我国投资数据的估算：投资弹性的角度

（一）计算方法

在新型城镇化快速推进的过程中，新增转移农村人口不仅将形成对交通、通讯、供电、供水、供气、环保等城镇基础设施的新增需求，而且还将形成对居民服务、教育、卫生、文体娱等城镇公共服务的新增需求，同时，也将产生对于城镇住房的新增需求，最终一同带动城镇投资的增加。因此，城镇化对投资需求的带动分为城镇基础设施的投资需求、城镇公共服务的投资需求、城镇住房的投资需求三个部分。

其中，城镇基础设施投资，是指建造或购置为社会生产和生活提供基础性、大众性服务的工程和设施的支出。从行业大类看，城镇基础设施投资包括交通运输、仓储和邮政业，信息传输、软件和信息技术服务业，水利、环境和公共设施管理业，电力、热力、燃气及水生产和供应业 4 个主要行业的投资。城镇公共服务投资，是指由政府主导、保障全体公民生存和发展基本需要、与经济社会发展水平相适应的公共服务。从行业大类看，城镇公共服务投资包括居民服务业，教育业，卫生和社会工作，文化、体育和娱乐业 4 个主要行业的投资。城镇住房投资，由于房地产开发企业主要投资于城镇，可用房地产开发投资这一指标表示。

基础设施、公共服务及房地产投资增长速度与城镇化速率相比较，计算出投资弹性（投资年均增长速度/城镇化率增长速度），可以考察城镇化变动带来的投资增长水平，或者说投资对城镇化的适应性，如式（7-1）所示：

$$E_d = \frac{\sqrt[t]{I_t / I_0} - 1}{\sqrt[t]{U_t / U_0} - 1} \tag{7-1}$$

式中，E_d 为投资的城镇化弹性系数，表示城镇化率每变动 1 个百分点，投资变动 E_d 个百分点；I_t 为期末投资完成额，I_0 为期初投资完成额；U_t 为期末城镇化率，U_0 为期初城镇化率；t 表示期末与期初间隔的年数。

在具体计算时，2017 年以后国家统计局修改了统计口径，并不再公布投资规模数，本书按照投资增速计算各领域各年投资，并按相应比例进行折算。

（二）"十一五"以来城镇化带动的投资效果分析

测算发现，"十一五"至"十三五"期间，城镇基础设施投资弹性分别为 7.8、4.8、3.5；城镇公共服务投资弹性分别为 6.6、6.1、5.8；房地产投资弹性分别为 8.2、5.3、3.7；城镇化带动的总投资弹性为 7.8、5.1、3.8（见图 7-7）。同时可以看出，即随着城镇化进程的推进，城镇化带来的投资增速增幅总体呈逐步降低趋势，而城镇公共服务的投资弹性相对稳定。从数量上看，以"十三五"期间为例，城镇化率每增长 1%，每年可带动相关领域总投资增长 3.8%；2020 年，城镇化率每增长 1 个百分点，相当于城镇化率增长 1.6%，将带动城镇化相关投资增长 5.9%，对应投资增长 1.4 万亿元①。

然而，"十四五"以来，各领域投资弹性演变趋势发生一定变化。2021～2023 年，城镇基础设施、公共服务和房地产开发的投资弹性分别为 5.6、6.3 和 -6.7，基础设施和公共服务投资弹性上升，而房地产投资弹性大幅下降为负，这带动总体投资弹性延续下降趋势，降至 1.5。按此弹性计算，2023 年城镇化率增长一个百分点，相当于城镇化率增长 1.5%，将带动城镇化投资增长 2.3%，对应投资增长 9197 亿元。

（三）未来城镇化带动的投资趋势预测

考虑到"十四五"以来投资弹性变化趋势发生较大变化，我们针对不同

---

① 统计局在 2018 年以后不再公布投资绝对数据，并调整了统计口径，此处为估算值，下同。

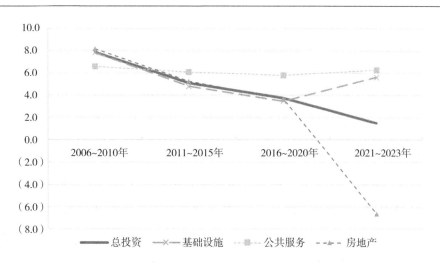

图 7-7　2006~2023 年城镇化相关领域的投资弹性系数

情景进行假设，来预测未来城镇化带动的投资需求。

情景 1：假定"十四五""十五五"时期的投资弹性延续"十三五"及之前趋势，均呈持续下降趋势

如假定未来投资弹性走势延续了疫情前演变趋势，即"十三五"及之前的投资弹性变动趋势，可通过曲线拟合对城镇化的投资弹性系数进行趋势外推。设给定离散数据见式（7-2）：

$$(x_t, y_t)(t = 1, 2, \cdots, m) \tag{7-2}$$

式中，x_t 为自变量 x 的取值，本例中取 $x_1 = 1$、$x_2 = 2$、$x_3 = 3$，分别代表"十一五""十二五""十三五"时期；y_t 为因变量 y 的相应值，本例中是指投资弹性系数。

设定拟合函数为式（7-3）：

$$y = a\ln(x) + b \tag{7-3}$$

式中，a、b 均为待定参数。采用最小二乘法拟合曲线，通过最小化误差平方和确定待定系数。为确保拟合结果的可靠性，选择 R^2 评价模型拟合程度，当 R^2 越接近 1，拟合效果越好，见式（7-4）：

$$R^2 = 1 - \frac{\sum_i (\hat{y_i} - y_i)^2}{\sum_i (y_i - \bar{y})^2} \tag{7-4}$$

采用"十一五"至"十三五"时期总投资弹性拟合曲线，拟合结果为：$y = -3.74\ln(x) + 7.8$，$R^2 = 0.997$，拟合效果较好。

预测结果表明，城镇化率每提高 1%，"十四五"时期将带动城镇化相关投资增长 2.6%，"十五五"时期，带动城镇化相关投资增长 1.8%。假定至 2025 年城镇化率将达到 68%，至 2030 年将达到 72%。据此估算，城镇化率每提高 1 个百分点，在 68% 的城镇化率水平上将带动第二年新增投资 12376 亿元，在 72% 的城镇化率水平上将带动第二年新增投资 8965 亿元（见表 7-3）。

表 7-3　情景 1 下的城镇化投资弹性

时期	城镇基础设施		城镇公共服务		城镇房地产开发		城镇化相关总投资	
	年均增速（%）	弹性系数	年均增速（%）	弹性系数	年均增速（%）	弹性系数	年均增速	弹性系数
十一五	23.89	7.8	20.11	6.6	24.85	8.2	25.04	8.2
十二五	13.43	4.8	16.94	6.1	14.74	5.3	11.05	4.0
十三五	7.62	3.5	12.67	5.8	8.06	3.7	8.06	3.7
十四五	2.76	2.2	7.04	5.6	3.14	2.5	3.26	2.6
十五五	1.49	1.3	6.21	5.4	1.84	1.6	2.07	1.8

情景 2：假定"十四五""十五五"时期的投资弹性延续 2021~2023 年趋势，均呈持续下降趋势

据上文分析，政府投资加力、房地产市场供求关系发生重大变化等因素影响，2021~2023 年基础设施、公共服务和房地产等领域投资弹性发生趋势性变化。如假定 2024~2030 年投资弹性延续此趋势，则城镇基础设施、公共服务、房地产领域投资弹性系数变为二项式函数，而城镇化总投资弹性变化

趋势仍为指数函数（见图7-8、图7-9）。

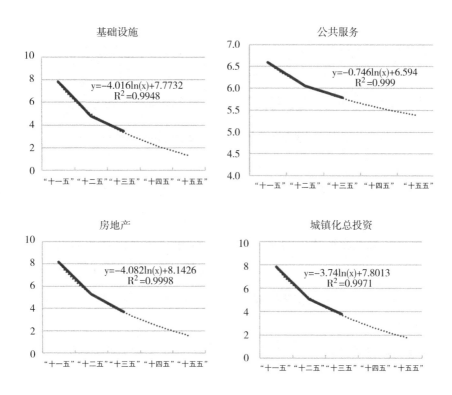

图7-8 情景1下的各领域投资弹性走势

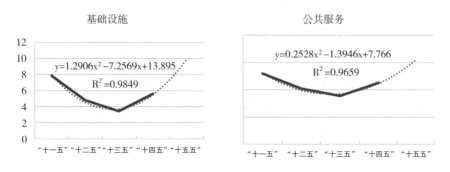

图7-9 情景2下的各领域投资弹性走势

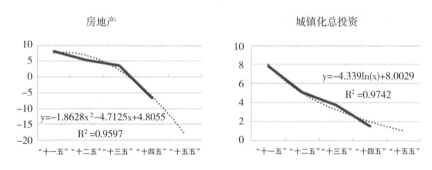

图7-9　情景2下的各领域投资弹性走势（续）

预测结果表明，城镇化率每提高1%，"十四五"时期将带动城镇化相关投资增长1.5%，"十五五"时期将带动城镇化相关投资增长1.0%。假定至2025年城镇化率达到68%，至2030年达到72%。在此情景下，据此估算，城镇化率每提高1个百分点，在68%的城镇化率水平上将带动第二年新增投资7042亿元，在72%的城镇化率水平上将带动第二年新增投资4636亿元。

情景3：假定"十四五"投资弹性延续2021~2023年趋势，"十五五"投资弹性回归"十三五"趋势

考虑到"十四五"时期受疫情冲击等因素影响较大，"十五五"时期投资可能回归到长期趋势，则据此设定情景三。在此情况下，城镇化率每提高1%，"十四五"时期将带动城镇化相关投资增长1.5%，"十五五"时期将带动城镇化相关投资增长1.8%。假定至2025年城镇化率达到68%，至2030年达到72%。在此情景下，据此估算，城镇化率每提高1个百分点，在68%的城镇化率水平上将带动第二年新增投资7042亿元，在72%的城镇化率水平上将带动第二年新增投资8731亿元（见表7-4）。

表 7-4　三种情景下城镇化带动的投资弹性和投资增量

	投资弹性			城镇化率增 1 个百分点带动投资（亿元）		
	情景 1	情景 2	情景 3	情景 1	情景 2	情景 3
十四五	2.6	1.5	1.5	12376	7042	7042
十五五	1.8	1.0	1.8	8965	4636	8731

第八章　我国未来投资的发展思路

第一节　近年来中央和国家文件对投资的定位

一、中央重要文件里的投资

1. 中共中央关于全面深化改革若干重大问题的决定.

2013 年，十八届三中全会《中共中央关于全面深化改革若干重大问题的决定》中，对投资的表述包括以下方面：第一，健全宏观调控体系。深化投资体制改革，确立企业投资主体地位。企业投资项目，除关系国家安全和生态安全、涉及全国重大生产力布局、战略性资源开发和重大公共利益等项目外，一律由企业依法依规自主决策，政府不再审批。强化节能节地节水、环境、技术、安全等市场准入标准，建立健全防范和化解产能过剩长效机制。第二，积极发展混合所有制经济。国有资本投资项目允许非国有资本参股。完善国有资产管理体制，以管资本为主加强国有资产监管，改革国有资本授权经营体制，组建若干国有资本运营公司，支持有条件的国有企业改组为国有资本投资公司。国有资本投资运营要服务于国家战略目标，更多投向关系国家安全、国民经济命脉的重要行业和关键领域，重点提供公共服务、发展重要前瞻性战略性产业、保护生态环境、支持科技进步、保障国家安全。第三，建立公平开放透明的市场规则。实行统一的市场准入制度，在制定负面清单基础上，各类市场主体可依法平等进入清单之外领域。探索对外商投资实行准入前国民待遇加负面清单的管理模式。第四，发展技术市场，健全技术转移机制，改善科技型中小企业融资条件，完善风险投资机制，创新商业模式，促进科技成果资本化、产业化。

可以看出，2013年《中共中央关于全面深化改革若干重大问题的决定》中，对固定资产投资领域的投资体制改革，重点在于确立企业投资主体地位，强调企业自主开展自主决策，优化市场准入标准。

2. 决胜全面建成小康社会 夺取新时代中国特色社会主义伟大胜利（党的十九大报告）

2017年，习近平在中国共产党第十九次全国代表大会上的报告中，对投资的表述如下：第一，加快完善社会主义市场经济体制。创新和完善宏观调控，发挥国家发展规划的战略导向作用，健全财政、货币、产业、区域等经济政策协调机制。完善促进消费的体制机制，增强消费对经济发展的基础性作用。深化投融资体制改革，发挥投资对优化供给结构的关键性作用。第二，推动形成全面开放新格局。实行高水平的贸易和投资自由化便利化政策，全面实行准入前国民待遇加负面清单管理制度，大幅度放宽市场准入，扩大服务业对外开放，保护外商投资合法权益。凡是在我国境内注册的企业，都要一视同仁、平等对待。优化区域开放布局，加大西部开放力度。赋予自由贸易试验区更大改革自主权，探索建设自由贸易港。创新对外投资方式，促进国际产能合作，形成面向全球的贸易、投融资、生产、服务网络，加快培育国际经济合作和竞争新优势。

可以看出，党的十九大报告对投资的要求主要在于深化投融资体制改革，并提出发挥投资对优化供给结构的关键性作用，与增强消费对经济发展的基础性作用相对应，提出了投资在供给端的重要作用。

3. 高举中国特色社会主义伟大旗帜 为全面建设社会主义现代化国家而团结奋斗（党的二十大报告）

2022 年，习近平在中国共产党第二十次全国代表大会上的报告中，对投资的表述如下：第一，构建高水平社会主义市场经济体制。健全宏观经济治理体系，发挥国家发展规划的战略导向作用，加强财政政策和货币政策协调配合，着力扩大内需，增强消费对经济发展的基础性作用和投资对优化供给结构的关键作用。第二，推进高水平对外开放。依托我国超大规模市场优势，以国内大循环吸引全球资源要素，增强国内国际两个市场两种资源联动效应，提升贸易投资合作质量和水平。稳步扩大规则、规制、管理、标准等制度型开放。推动货物贸易优化升级，创新服务贸易发展机制，发展数字贸易，加快建设贸易强国。合理缩减外资准入负面清单，依法保护外商投资权益，营造市场化、法治化、国际化一流营商环境。

可以看出，党的二十大报告对投资的定位与党的十九大报告一脉相承，继续提出要"投资对优化供给结构的关键作用"并且放在"着力扩大内需"的语境下，强调消费和投资的统筹作用。

4. 中共中央关于进一步全面深化改革 推进中国式现代化的决定

2024 年，中共中央二十届三中全会在《中共中央关于进一步全面深化改革 推进中国式现代化的决定》中，对投资的表述如下：第一，加快培育完整内需体系，建立政府投资支持基础性、公益性、长远性重大项目建设长效机制，健全政府投资有效带动社会投资体制机制，深化投资审批制度改革，完善激发社会资本投资活力和促进投资落地机制，形成市场主导的有效投资内生增长机制。第二，深化国资国企改革，完善管理监督体制机制，增强各有关管理部门战略协同，推进国有经济布局优化和结构调整，推动国有资本和国有企业做强做优做大，增强核心功能，提升核心竞争力。进一步明晰不同类型国有企业功能定位，完善主责主业管理，明确国有资本重点投资领域和方向。第三，健全因地制宜发展新质生产力体制机制。健全相关规则和政策，加快形成同新质生产力更相适应的生产关系，促进各类先进生产要素向发展新质生产力集聚，大幅提升全要素生产率。鼓励和规范发展天使投资、风险投资、私募股权投资，更好发挥政府投资基金作用，发展耐心资本。第四，构建同科技创新相适应的科技金融体制，加强对国家重大科技任务和科技型中小企业的金融支持，完善长期资本投早、投小、投长期、投硬科技的支持政策。健全重大技术攻关风险分散机制，建立科技保险政策体系。提高外资在华开展股权投资、风险投资便利性。第五，深化外商投资和对外投资管理体制改革。营造市场化、法治化、国际化一流营商环境，依法保护外商投资权益。扩大鼓励外商投资产业目录，合理缩减外资准入负面清单，落实全面取消制造业领域外资准入限制措施，推动电信、互联网、教育、文化、医疗等领域有序扩大开放。深化外商投资促进体制机制改革，保障外资企业在要素获取、资质许可、标准制定、政府采购等方面的国民待遇，支持参与产业链上下游配套协作。完善境外人员入境居住、医疗、支付等生活便利制度。完善促进和保障对外投资体制机制，健全对外投资管理服务体系，推动产业链供应链国际合作。

可以看出，二十届三中全会《决定》中投资的重要性有所上升，对投资的要求和应发挥的作用体现在多个方面。在固定资产投资方面，进一步强调了投资对加快培育完整内需体系的重要性，对政府投资支持基础性、公益性、长远性重大项目建设长效、有效带动社会投资的机制提出了更高要求，并对激发民间投资活力着重强调，提出要完善激发社会资本投资活力和促进投资落地机制，形成市场主导的有效投资内生增长机制。在促进新质生产力相关投资方面，提出要鼓励和规范发展天使投资、风险投资、私募股权投资，更好发挥政府投资基金作用，发展耐心资本，并完善科技金融市场，完善长期资本投早、投小、投长期、投硬科技的支持政策。此外，《决定》也对国有投资、外商投资等领域的体制机制改革进行了进一步部署。

二、习近平总书记重要讲话对投资的要求

总体来看，习近平总书记对投资的要求主要体现在以下重要讲话中。

2023 年 1 月 31 日，习近平总书记在二十届中央政治局第二次集体学习时讲话《加快构建新发展格局 把握未来发展主动权》强调，要坚决贯彻落实扩大内需战略规划纲要，尽快形成完整内需体系，着力扩大有收入支撑的消费需求、有合理回报的投资需求、有本金和债务约束的金融需求。要建立和完善扩大居民消费的长效机制，使居民有稳定收入能消费、没有后顾之忧敢消费、消费环境优获得感强愿消费。要完善扩大投资机制，拓展有效投资空间，适度超前部署新型基础设施建设，扩大高技术产业和战略性新兴产业投资，持续激发民间投资活力。

2022 年 12 月 15 日至 16 日，习近平总书记在中央经济工作会议《当前经济工作的几个重大问题》中提出：总需求不足是当前经济运行面临的突出矛盾。要优化政策举措，充分发挥消费的基础作用和投资的关键作用。要通过政府投资和政策激励有效带动全社会投资。当前，民间投资预期较弱，政府投资必须发挥好引导作用，这是应对经济周期性波动的有力工具。

2021 年 1 月 11 日，习近平总书记在省部级主要领导干部学习贯彻党的十九届五中全会精神专题研讨班上的讲话《把握新发展阶段，贯彻新发展理念，构建新发展格局》中强调，在实践中，我们要注意防范一些认识误区：六是讲扩大内需、形成国内大市场，又开始搞盲目借贷扩大投资、过度刺激消费，甚至又去大搞高能耗、高排放的项目；七是不重视供给侧结构性改革，只注重需求侧管理，无法形成供给创造需求的更高水平动态平衡。

2020 年 12 月 28 日，习近平总书记在中央农村工作会议上的讲话《坚持把解决好"三农"问题作为全党工作重中之重 举全党全社会之力推动乡村振兴》中提出，把战略基点放在扩大内需上，农村有巨大空间，可以大有作为。几亿农民同步迈向全面现代化，能够释放出巨量的消费和投资需求。当

前，扩内需、稳投资、搞建设，不能只盯着城镇。农村这块欠账还很多，投资空间很大。

2020 年 4 月 10 日，习近平总书记在中央财经委员会第七次会议上的讲话《国家中长期经济社会发展战略若干重大问题》中提出，国民经济要正常运转，必须增强防灾备灾意识。要优化应急物资品种和储备布局，要合理确定储备规模，全面加大投资建设力度。

总的来看，习近平总书记重要讲话中对投资的要求着重强调了以下方面：第一，要扩大有合理回报的投资需求，不能又开始搞盲目借贷扩大投资；第二，要完善扩大投资机制，拓展有效投资空间；第三，积极扩大内需，充分发挥消费的基础作用和投资的关键作用；第四，要通过政府投资和政策激励有效带动全社会投资；第五，城镇化、应急物资储备等领域是投资重点之一。

三、历次五年经济社会发展规划对投资的要求

1. "十二五"规划

在《中共中央关于制定国民经济和社会发展第十二个五年规划的建议》（2010 年 10 月 18 日中国共产党第十七届中央委员会第五次全体会议通过）中，对投资有如下表述：调整优化投资结构。发挥投资对扩大内需的重要作用，保持投资合理增长，优化投资结构，完善投资体制机制，提高投资质量和效益，有效拉动经济增长。"十二五"前期要确保国家扩大内需的重点在建和续建项目顺利完成并发挥效益。发挥产业政策作用，引导投资进一步向民生和社会事业、农业农村、科技创新、生态环保、资源节约等领域倾斜。坚持区别对待、分类指导，引导投资更多投向中西部地区。严格执行投资项目用地、节能、环保、安全等准入标准，有效遏制盲目扩张和重复建设。促进投资消费良性互动，把扩大投资和增加就业、改善民生有机结合起来，创造最终需求。明确界定政府投资范围，加强和规范地方政府融资平台管理，防范投资风险。规范国有企业投资行为，注重提高经济效益和社会效益。鼓

励扩大民间投资，放宽市场准入，支持民间资本进入基础产业、基础设施、市政公用事业、社会事业、金融服务等领域。

在《国民经济和社会发展第十二个五年规划纲要》中，涉及投资的表述为：（政策导向）调整优化投资结构。发挥投资对扩大内需的重要作用，保持投资合理增长，完善投资体制机制，明确界定政府投资范围，规范国有企业投资行为，鼓励扩大民间投资，有效遏制盲目扩张和重复建设，促进投资消费良性互动，把扩大投资和增加就业、改善民生有机结合起来，创造最终需求。

2."十三五"规划

在《中共中央关于制定国民经济和社会发展第十三个五年规划的建议》（2015年10月29日中国共产党第十八届中央委员会第五次全体会议通过）中，对投资的表述为：发挥投资对增长的关键作用，深化投融资体制改革，优化投资结构，增加有效投资。发挥财政资金撬动功能，创新融资方式，带动更多社会资本参与投资。创新公共基础设施投融资体制，推广政府和社会资本合作模式。

在《国民经济和社会发展第十三个五年规划纲要》中，对投资的表述为：一是扩大有效投资。围绕有效需求扩大有效投资，优化供给结构，提高投资效率，发挥投资对稳增长、调结构的关键作用。更好发挥社会投资主力军作用，营造宽松公平的投资经营环境，鼓励民间资本和企业投资，激发民间资本活力和潜能。充分发挥政府投资的杠杆撬动作用，加大对公共产品和公共服务的投资力度，加大人力资本投资，增加有利于供给结构升级、弥补小康短板、城乡区域协调、增强发展后劲的投资，启动实施一批全局性、战略性、基础性重大投资工程。二是深化投融资体制改革。建立企业投资项目管理权力清单、责任清单制度，更好落实企业投资自主权。进一步精简投资审批，减少、整合和规范报建审批事项，完善在线审批监管平台，建立企业投资项目并联核准制度。进一步放宽基础设施、公用事业等领域的市场准入限制，采取特许经营、政府购买服务等政府和社会合作模式，鼓励社会资本参与投资建设运营。完善财政资金投资模式，更好发挥产业投资引导基金撬动作用。

3. "十四五"规划

在《中共中央关于制定国民经济和社会发展第十四个五年规划和二〇三五年远景目标的建议》（2020 年 10 月 29 日中国共产党第十九届中央委员会第五次全体会议通过）中，对投资的表述为：拓展投资空间。优化投资结构，保持投资合理增长，发挥投资对优化供给结构的关键作用。加快补齐基础设施、市政工程、农业农村、公共安全、生态环保、公共卫生、物资储备、防灾减灾、民生保障等领域短板，推动企业设备更新和技术改造，扩大战略性新兴产业投资。推进新型基础设施、新型城镇化、交通水利等重大工程建设，支持有利于城乡区域协调发展的重大项目建设。实施川藏铁路、西部陆海新通道、国家水网、雅鲁藏布江下游水电开发、星际探测、北斗产业化等重大工程，推进重大科研设施、重大生态系统保护修复、公共卫生应急保障、重大引调水、防洪减灾、送电输气、沿边沿江沿海交通等一批强基础、增功能、利长远的重大项目建设。发挥政府投资撬动作用，激发民间投资活力，形成市场主导的投资内生增长机制。

《国民经济和社会发展第十四个五年规划和 2035 年远景目标纲要》提出：要拓展投资空间。优化投资结构，提高投资效率，保持投资合理增长。加快补齐基础设施、市政工程、农业农村、公共安全、生态环保、公共卫生、物资储备、防灾减灾、民生保障等领域短板，推动企业设备更新和技术改造，扩大战略性新兴产业投资。推进既促消费惠民生又调结构增后劲的新型基础设施、新型城镇化、交通水利等重大工程建设。面向服务国家重大战略，实施川藏铁路、西部陆海新通道、国家水网、雅鲁藏布江下游水电开发、星际探测、北斗产业化等重大工程，推进重大科研设施、重大生态系统保护修复、公共卫生应急保障、重大引调水、防洪减灾、送电输气、沿边沿江沿海交通等一批强基础、增功能、利长远的重大项目建设。深化投融资体制改革，发挥政府投资撬动作用，激发民间投资活力，形成市场主导的投资内生增长机制。健全项目谋划、储备、推进机制，加大资金、用地等要素保障力度，加快投资项目落地见效。规范有序推进政府和社会资本合作（PPP），推动基础设施领域不动产投资信托基金（REITs）健康发展，有效盘活存量资产，形成存量资产和新增投资的良性循环。

4. 从历次五年规划看对投资的认识和要求的演进

从上文可以看出，中央对投资的功能定位随经济形势变化和经济社会发展需要而不断演变。从投资作用看，从投资对扩大内需的重要作用、到对增长的关键作用、到对优化供给结构的作用，伴随着我国由高速增长阶段转为高质量发展阶段，对深化供给侧结构性改革的不断重视。从对投资的要求看，保持投资合理增长必不可少，优化投资结构、提高质量效益、深化投融资体制改革，并且在"十四五"提出要进一步拓展有效投资空间。从对各类投资主体的要求看，对民间投资更为重视，并在"十四五"时期提出了要形成激发民间投资活力的增长机制，即市场主导的投资内生增长机制（见图8-1）。

第二节　未来一段时期投资的思路和战略取向

综合当前投资形势和经济社会发展对投资的要求，未来一段时期，要着力发挥投资对高质量发展的关键支撑作用，优化升级投资结构，提高投资效益，构建可持续的政府投融资模式，保持投资合理增长，打造市场化 制度化 国际化的营商环境，扩大有效益的政府投资，持续激发民间投资活力，更大力度吸引和利用外资，推动消费与投资相互促进良性循环，为实现下一阶段经济社会发展目标奠定坚实基础。图8-1为"十二五"至"十四五"投资思路的变化。

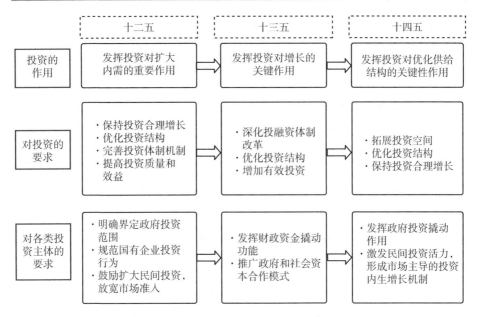

图 8-1　"十二五"至"十四五"投资思路的变化

一、投资要着力发挥对高质量发展的关键支撑作用

"十二五"以来，随着国内外形势变化和国内发展的阶段性特征的变化，投资在经济社会发展中的重要性与日俱增，投资的作用从需求侧"拉动经济增长"向供给侧"优化供给结构"转变。党的二十大报告和《扩大内需战略规划纲要（2022～2035 年）》明确提出要发挥投资关键作用。"十五五"时期，投资关键作用的内涵应更加丰富，要围绕高质量发展这个全面建设社会主义现代化国家的首要任务，为高质量发展发挥关键支撑作用。这种作用具体表现为以下三个方面。

第一，高质量投资是扩大内需战略和深化供给侧改革有机结合的主要支点。"十五五"时期，我国必须坚持供需两侧协同发力，着力解决好供给结构不优和有效需求不足的矛盾。而投资既是总需求的一部分，又可以推动形成供给和生产能力，是供需两端发力的主要支点，既可以通过形成中长期高质量供给创造有效需求，又可以通过扩大总需求，提高全要素生产率和经济发展潜力，为提高供给质量提供运行基础。

第二，高质量投资为高质量发展奠定物质和技术基础。高质量发展是能够满足人民日益增长的美好生活需要的发展，是体现新发展理念的发展。投资围绕高质量发展的要求，为推动经济发展从"有没有"转向"好不好"奠定物质和技术基础。在创新发展方面，高质量投资通过支持科技创新和现代化产业体系建设，加速新技术、新产品、新业态的涌现，为经济发展注入新动力。在协调发展方面，高质量投资注重优化投资结构，着力固根基、扬优势、补短板、强弱项，解决不平衡不充分问题，促进各地区、各领域之间的协调发展。在绿色发展方面，高质量投资在推进实施过程中，强调绿色低碳的投资导向，支持环保产业、清洁能源等领域的发展，推动降低能源消耗和排放，实现绿色低碳发展的目标。在开放发展方面，高质量投资通过加强完善政策和优化体制机制，推动形成全方位、多层次、宽领域的对外开放格局，在高水平对外开放中实现更高质量的"引进来"和"走出去"。在共享发展方面，高质量投资聚焦民生福祉，关注人民群众的需求和利益。通过加大在教育、医疗、文化等民生领域的投入力度，提高人民的生活质量和幸福感，推动实现共同富裕和社会公平。

第三，高质量投资与高质量消费相互促进，共同为经济增长注入持续动力。长期以来，我国较好利用了后发优势，通过要素和投资驱动，实现了经济的高速增长。但随着发展阶段和发展水平不断提升，投资的边际效益不断下降，投资拉动增长的空间日益缩小，而我国消费率和人均消费水平仍有较大增长空间。国际经验表明，大国经济增长主要依靠内需，并以消费为主导。"十五五"时期，应进一步发挥消费对拉动经济增长的基础性作用。投资的方向和重点要紧密围绕消费需求，提高供给对需求的适配性和引领性，以高质量供给全面促进消费，通过投资消费相互促进良性循环，共同为经济持续增长注入动力。

二、投资要具备四方面"高质量特征"

"十五五"时期，针对房地产和基础设施有效投资空间下降、投融资环境不完全适应发展新质生产力的要求、投资质量和效益有待提升、地方政府投融资体系亟待重塑等重大问题，"十五五"投资的高质量发展要求应包括以下四个方面：优化升级投资结构，提高投资效益，构建可持续的投融资模式，保持投资合理增长。

其中，优化升级投资结构是对投资方向的要求，与以往五年规划的提法一脉相承，但在"十五五"时期有新的背景和内涵。经过多年投入，我国基础设施建设取得巨大成就，传统投资领域面临空间收窄的问题。同时，新一代科技革命和产业变革为投资的增长提供了新机遇，加快发展新质生产力是应对国际环境深刻变化的必然要求。因此，"十五五"时期我国必须用好储蓄率较高的发展条件，不能"为投资而投资"，不断优化和升级投资结构，加大引领战略性新兴产业、未来产业投资，促进传统产业转型升级，通过投资培育前沿性、颠覆性技术的成熟和扩散，促进经济的高端化、智能化、绿色化、融合化发展，释放出更大的增长动能。

提高投资效益是对投资过程和结果的要求，体现了中央对未来扩大投资的最主要要求。2023 年底，中央经济工作会议提出要"扩大有效益的投资"，习近平总书记在二十届中央政治局第二次集体学习时讲话强调要"着力扩大有收入支撑的消费需求、有合理回报的投资需求、有本金和债务约束的金融需求"，中共中央、国务院《扩大内需战略规划纲要（2022~2035 年）》在发展目标中提到要"内需持续健康发展，质量效益明显提升"，这些都显示出党中央对投资效益的重视。"十五五"时期，在投资率下降的趋势下，质量效益的提升更为重要。要着力解决低效无效和过度重复投资问题，将有限的资金优先使用在国民经济的关键领域，更多投战略作用强、需求潜力大、带动作用强的项目，投经济和社会回报率高的项目，从根本上减少投资浪费。

构建可持续的政府投融资模式是对投融资方式的要求。"十四五"以来，房地产市场供求关系发生重大变化，土地出让收入大幅下降，同时地方政府融资平台债务大幅增加，债务防范和规范发展是长期趋势，这都对地方政府传统投融资模式提出挑战。"十五五"时期，为填补土地财政下降带来的缺口，适应未来一个时期中国式现代化公共投资需要，必须探索有效和可持续的政府投融资模式，以支撑投资的稳定持续增长。要先立后破，既要发挥好已有主体、工具、渠道的作用，又要探索新的投资、建设和运营方式，实现平稳过渡、有效接续。同时要兼顾发展和安全，优化地方债务管理体制，建立可持续的投融资模式。

保持投资合理增长是对投资规模和速度的要求。"十五五"时期是实现2035年发展目标的承上启下时期，经济必须保持在4.5%左右的增速。高质量发展既体现在以人民为中心的生产力高度发达、质的有效提升，也需要保持量的合理增长。投资合理增长是经济保持合理增速的重要条件，习近平总书记提出要"完善扩大投资机制"，《扩大内需战略规划纲要（2022~2035年）》提出要"促进投资规模合理增长、结构不断优化，增强投资增长后劲"，说明投资的总量增长也至关重要。因此，保持投资合理增长也是扩大高质量投资的题中之义。

三、投资要持续激发各类主体投资活力

继续扩大有效益的政府投资。"十五五"时期，政府投资的效益提升更为重要。要减少乱铺摊子的无效低效投资，避免不顾实际需要的盲目投资，防止一拥而上的重复投资，更多投战略作用强、需求潜力大、带动作用强的项目，投经济和社会回报率高的项目，优化投资决策程序，针对民生发展需要确定投资优先序，从根本上减少投资浪费。政府投资要明确投资边界，聚焦重点领域，发挥好对全社会投资的引导带动作用。

民间投资活力持续激发。提振民间投资积极性、保持民间投资合理比例

是投资实现平稳增长、提高投资宏观效益、实现投资高质量增长的关键。"十五五"时期扩大高质量投资，应坚持发挥好民间投资的主力军作用，着力推动各类经营主体投资意愿和活力进一步激发，能够积极主动参与和融入发展大局，有意愿、有信心、有能力推动经济高质量发展，形成市场主导的投资内生增长机制。应在强调顶层设计的同时，更加重视基层创新，为市场主体松绑，系统性改善民间投资的发展环境，打通制约民间投资的制度性痛点堵点，提高民营经济在资源要素、内需市场等方面的占比，增强经营主体创新创业意愿，释放民间投资动力活力。

更大力度吸引和利用外资。长期以来，外资在资本积累、加快技术与创新要素流动、提升国内企业国际竞争力等多个方面均发挥了重要作用。"十五五"时期，面向复杂严峻的国际环境，要通过更大力度吸引外资，系牢我国与他国间的技术纽带，反制西方国家"小院高墙"式的产业孤立策略，进一步强化我国产业链供应链的稳定性与抗风险能力。要进一步拓宽制度性开放的广度和深度，进一步提升国内市场对外资的吸引力，发挥好外资在扩大高质量投资中的重要作用。

第九章　我国未来投资的发展路径

第一节　形成投资与消费相互促进的良性循环

扩大有效投资，既是促进短期经济稳定的有力抓手，又是筑牢长期高质量发展基础的重要举措。扩大有效投资将形成未来的有效供给，最终目的是带动消费，实现人民对美好生活的向往。下一步，应进一步扩大有效投资，着力发挥投资对提升消费的积极作用，以投资促进居民愿消费、能消费、敢消费，推动投资消费形成良性互动。

一、培育新的消费增长点

以投资培育消费增长点，为"愿消费"创造场景环境。发挥投资对培育消费增长的积极作用。一是要加大场景投资，优化消费环境。加大对新消费模式、新消费场景的投资力度，推动线上线下消费融合发展，提升消费的便捷性。加强对传统商业设施的改造，推动线下经营实体向场景化、体验式、互动性、综合型消费场所转型。加强对社区生活服务中心的新建和改造投资，发展便利店、社区菜店等社区商业。二是加大消费物流投资，畅通城乡双向销售渠道。加快发展农产品冷链物流，加大农产品分拣、加工、包装、预冷等一体化集配设施建设支持力度，加强特色农产品优势区生产基地现代流通基础设施建设。改造提升农村流通基础设施，优化农村快递和互联网接入，推动农村居民消费梯次升级。三是加大对消费相关基础设施投入。加强新能源汽车充电桩和城市停车场建设，推动汽车消费升级。推进城镇老旧小区、背街小巷和存量住房改造提升，支持加装电梯、完善配套设施，带动相关消费。

二、通过投资带动就业和收入增长

以投资促进就业和收入增长，为"能消费"奠定收入基础。发挥投资对稳增长促就业、增加居民可支配收入的重要作用。一是积极扩大政府投资。聚焦建设符合国家重大战略和发展方向的重点领域，大力推进项目开工实施，强化重大项目的资金要素保障。提升地方政府项目储备和谋划能力，鼓励地方制定投融资规划，从项目储备、优先排序、投资进度、融资保障方面对基础设施投资进行系统设计和谋划。完善基础设施融资机制，高质量推进 PPP 项目投资建设和运营管理，加强存量资本盘活。二是激发社会投资活力。多措并举支持制造业企业、中小微企业融资，确保缓解民营经济融资压力。通过加快建设全国统一大市场、深化"放管服"改革等措施，全面营造良好投资环境。三是加强投资政策研究储备。充分考虑可能的风险和不确定因素，在投资体制机制和政策工具上做好预案，建立稳投资政策储备"工具箱"。

三、投资强化民生保障

以投资强化民生保障，为"敢消费"消除后顾之忧。发挥投资对推动社会民生领域补短板强弱项、改善人民生活水平的积极作用，在响应广大人民群众的"急难愁盼"上下功夫，解决居民消费的后顾之忧，才能提升全社会的消费动力。一是加快补齐基本公共服务短板。加强对县、镇、村级义务教育学校的设施投入，加强基层设备配备和地市级医疗中心建设，加大对医学应急救援和传染病防治等设施和医院投入，补齐对妇幼、残疾人等重点人群健康服务及养老服务设施和机构的短板，加强文体设施建设和改善。二是着力补强非基本公共服务弱项。加强对托育服务设施和普惠性幼儿园的投入，鼓励社会资本在医疗和养老等领域加大专业化、优质化机构和设施投资，提升多层次多样化供给能力。加强城市更新和存量住房改造提升，发展租赁住房。三是全面巩固脱贫攻坚成果。对脱贫地区和易地搬迁脱贫人口所在地加强基础设施和公共服务设施建设，加大对农村人居环境的投入，加强产业投资，增强脱贫地区自我发展能力。

第二节　持续激发民间投资活力

增强民间投资动力，激发民间投资活力，对扩内需稳增长、形成市场主导的投资内生增长机制具有重要意义。应着力深化体制机制改革，营造公平竞争环境，为民间投资增长创造更有利条件。

一、供需发力稳定民间投资信心

供需两端发力，稳供给、增需求。在供给端，优化产业链供应链生产布局，提高民间生产和投资的持续性稳定性。在关键领域和重点环节加强国产替代，鼓励产业链创新链"链主"企业通过发展产业技术联盟、联合战略投资、并购重组等方式整合上下游创新资源，加大对上游原材料"卡脖子"环节布局力度，提高关键材料自给率。鼓励产业链向中西部地区转移，发挥民间投资创造当地就业、稳定中西部地区投资的积极作用，将产业链留在国内。在需求端，加大政府采购支持中小企业力度，在政府采购过程中根据项目特点、专业类型和专业领域合理划分采购包，积极扩大联合体投标和大企业分包，降低中小企业参与门槛。加强对国内市场刺激力度，提高汽车、家电等大宗消费需求。

二、优化民间投资融资环境

强化金融支持，优化投融资环境。落实和完善社会资本投融资合作对接机制，加强地方政府、企业、投资机构之间的信息共享，鼓励金融机构通过续贷、展期、加大承销力度等多种方式加大对民间投资项目的支持力度。对符合条件的项目用好政府性融资担保等政策，推动金融机构尽快放贷，不盲目抽贷、压贷、断贷。完善多层次资本市场，鼓励企业通过 IPO 上市、股权融资、发行蓝绿专项债等方式拓宽融资渠道。抓紧推出面向民间投资的不动产投资信托基金项目。鼓励民营企业市场化债转股。引导金融机构发放长期贷款，对项目主体发行信用债给予市场化增信支持。

三、营造民间投资公平竞争环境

继续深化改革，营造公平竞争环境。在项目审批方面，提高民间投资手续办理效率，加大改革力度，进一步简化、整合投资项目报建手续，限时办结，提高项目落地效率。督促各地加大对民间投资合法权益的保护，严格履行政策承诺，提高民间资本获得感、参与感。放宽民间投资门槛，在重大工程和国家明确的重点建设领域，选择一批示范项目吸引民间资本参与。通过加大政策支持，健全收费回报机制等方式，吸引更多社会资本参与项目建设，在重大项目招标过程中对民间投资一视同仁，将民间投资的大项目纳入地方重点项目库并加强用地等保障。

四、着力稳定房地产市场投资预期

促进房地产市场企稳回升，减少对整体投资拖累。进一步调整优化房地产市场政策，实质性降低购房成本。优化二手房交易增值税、个人所得税等税收优惠政策，取消行政性限制，释放购房需求。继续提高房企投融资能力。支持开发商正常合规的融资需求，做好个别房企项目风险处置，破解资产处置瓶颈，加快房屋建设交付，尽快恢复市场信心。优化房地产开发环节税收设计，通过降成本稳定房企投资预期。加大保障性住房建设和整合，在超大特大城市积极稳步推进城中村改造，优化城镇住房保障体系。

五、积极拓展产业和创新投资空间

顺应科技革命和产业链重构趋势，引导社会投资投向产业链关键环节和等创新领域。找准突破口，加强在核心基础零部件、关键基础材料、先进基础工艺、产业技术基础以及工业软件等方面的基础能力投资，补强产业链供应链薄弱环节。加大对新一代信息技术、人工智能、生物技术、新能源、新材料、高端装备、绿色环保、物联网、数字经济等新兴领域投资力度，支持天使投资、创业投资、私募股权投资市场发展，扩大养老金、社保基金试点创投基金范围。加强对传统产业转型升级支持力度，加强对转型退出的工业用地规划整合，支持各地通过因地制宜开展"工业上楼"，盘活现有工业用地资产。加强对技术改造的资金支持力度。发挥政策性担保融资作用，创新"政银担"合作模式，降低技术改造贷款融资担保费率。

第三节　构建可持续的政府投融资模式

一、完善政府债券发行管理机制

完善专项债券发行管理机制。探索建立常态化的专项债项目申报审核机制，提高审核频次，将申报审核、资金下达等流程分离，提高政策适用性。

优化在建项目审核机制，简化在建项目审核流程，对符合条件的在建项目加强支持力度。完善续发项目审核机制。进一步优化"绿色通道"项目的审核机制，对前期已审核通过的项目不再重复审核，对于未通过的续发项目和未通过的地方重点保障项目，将相关原因反馈所在地方，支持后续再次申报。

优化地方政府债券发行结构。一是逐步调减新增专项债券发行规模。短中期，逐步压减专项债券年度新增发行限额。建议实事求是分配和使用地方政府专项债券，合理拓宽专项债券适用范围。同时，严格专项债项目审核，加强执行监督，严禁夸大收益、虚增收入等"包装"的项目发行专项债券，确保专项债券用于支持真正有一定收益的公益性投资项目建设。长期看，可对专项债券额度进行总量控制，地方可在结存限额内统筹债务偿还、再融资和为新项目融资，还多少、发多少，实现债务总量相对可控、举债责任相对清晰。二是调增中央预算内投资和地方政府一般债券规模。短中期，增加中央预算内投资和地方政府一般债券各1万亿元，补齐专项债券规模压缩造成的投资支出缺口。支持国家重大战略实施和重点领域安全能力建设，以及地方政府实际面临的投资需求。长期看，保持中央预算内投资稳定增长，动态调整地方政府一般债券新增规模。适当增加中央政府举债规模和支出力度，发挥新型举国体制优势，集中力量办一些应由中央政府办的大事，并开展逆周期调节，保持宏观经济稳定。同时增加一般债规模，给予地方更大的选择项目自主权，满足各地差异化、多元化的投资需求。

用好超长期特别国债。一是强化政策协同，完善"自下而上"和"自上而下"相结合的项目安排机制。尽快理顺"两重"政策的管理机制和部门间协调机制，建立规范统一、常态化的地方项目储备和申报机制。对于已纳入国家重大规划、重大战略和重大政策，并且前期工作相对成熟的项目，有关部门可简化审核程序进行直接支持，从而提高项目安排效率，增强"两重"政策与国家重大规划、重大战略和重大政策的协同性。二是加强政策宣贯，提高地方政策把握的精准度。在严防泄密的前提下，加强"两重"政策的宣贯和培训，尽可能向地方政府和重点企业明确"两重"政策要点与申报审核流程、标准，及时答疑解惑，消除地方对政策的错误理解，提升地方项目申报质量，从而提高申报、审核、发行等工作效率。三是提高政策稳定性和可操作性，强化地方和社会一致预期。对于前期已通知的支持领域，尽量"只增不减"，减少地方和企业在准备项目过程中的"无用功"，提升地方和企业参与积极性。适度延长政策申报窗口期，引导地方和企业充分准备，推动一批真正符合国家导向和地方需求的优质项目获得支持并落地实施。四是优化支持方式，提高资金使用效益。探索优化"两重"政策支持领域，适当提高支持集中度，与中央预算内资金、专项债资金进行错位安排。同时，对关系到国家安全能力的建设项目，以及12个重点省份重大项目，研究加大统筹支持力度，提高资金的整体使用效率和全面带动效果。此外，建议参照《关于加力支持大规模设备更新和消费品以旧换新的若干措施》等政策关于资金共担的比例要求，根据实际适当降低地方资金配套要求，确保中央和地方形成政策合力。

二、拓展多元融资渠道

完善投融资机制。运用债、贷、股组合融资解决方案，完善基础设施融资机制，鼓励商业银行为重点项目建设扩大中长期贷款投放。发挥融资担保机构的担保增信作用，健全风险补偿机制。鼓励支持保险资金等长期资本通过股权或债权方式投资收益稳定、回收期长的基础设施和产业项目。支持重点领域项目及企业通过各类金融市场和境外市场扩大直接融资规模。

积极盘活存量资产。优先盘活交通、水利、清洁能源、保障性租赁住房、产业园区、仓储物流等存量规模较大、收益较好或增长潜力较大的重点领域的存量资产，统筹综合交通枢纽改造、工业企业退城进园等盘活存量和改扩建有机结合的项目资产，有序盘活老旧厂房、文化体育场馆等长期闲置但具有较大开发利用价值的项目资产。加强项目储备、梳理和谋划。鼓励国有企业和龙头企业通过进场交易、协议转让、无偿划转、资产置换、兼并重组等方式整合存量资产。加强对回收资金的管理，确保主要用于项目建设。鼓励以资本金注入方式将回收资金用于项目建设。回收资金投入的新项目，安排中央预算内投资和地方政府专项债时给予优先支持。加大对存量资产盘活的培训和支持力度，提高政府、基金管理人、资产运营机构、中介机构的专业能力，鼓励地方加强对优质项目的储备、梳理和谋划。

完善社会资本投融资合作对接机制。强化政银企社对重大项目融资需求的对接，通过投融资政策解读、项目信息共享、重点项目推介、"投贷联动"试点等多种方式加强各方投融资合作对接，推动项目尽快开工建设。

三、完善投资管理和要素保障机制

完善投资管理模式。有针对性地解决项目落地落实中的难点堵点问题，充分发挥投资对稳定经济大盘的积极作用。一是坐实三年滚动储备项目，探索将地方符合中央预算内投资专项规划、管理办法等要求的项目申报纳入国家重大项目"三年滚动"储备项目库。政府投资项目尽量做到中央资金到位即开工；补助贴息的企业投资项目超过半年仍无法开工或无实质性施工进展的，允许将资金调整至能快速开工的储备项目或在建项目。二是通过投资项目部门会商联审等机制提高前期工作效率。由地方发展改革部门牵头召集各行业主管部门，对本地区入储项目、拟报项目和已下达资金的项目开展联合会商，协调项目审批、前置手续、要素匹配、征地拆迁等方面问题，通过现场联合预审、线下并联审批、容缺受理办理等办法，加快拟报项目的前期工作进度，督促已安排项目加快实施。三是加强项目前期工作经费支持，支持地方加强项目前期论证和谋划，提高项目成熟度。

强化资源要素保障。协同推进投资审批制度改革，规范有序推广企业投资项目承诺制、区域评估、标准地改革等投资审批创新经验，加强投资决策与规划和用地、环评的制度衔接。对已纳入国家规划的项目，探索下放审批权限。完善和深化土地利用计划管理方式改革，对重大项目的必需配套工程给予重大项目同等用地保障，避免出现主体工程完工后无法发挥效益。对中央预算内投资项目中未纳入国家和省级重大项目的，建议统一参照省级重大项目，由省级政府及自然资源部门统筹，直接配置用地计划指标。

第四节　积极拓展有效投资空间

更好发挥投资对优化供给结构的关键作用，从投资推动经济结构演进、促进经济高质量发展的角度，当前及未来一段时间投资重点应聚焦五大领域、十七个方面，着力扩大有合理回报的投资需求。

一、着力增加创新驱动型投资

把握新一轮科技和信息技术革命机遇，着力加大创新领域投入，培育高质量发展新动能。一是加强原创性引领性科技攻关投资。瞄准人工智能、量子信息、集成电路、生命健康、脑科学、生物育种、空天科技、深地深海等前沿领域，实施一批具有前瞻性、战略性的国家重大科技项目。发挥新型举国体制开展核心技术攻关，加大对基础研究投入、技术研发、成果产业化等创新全链条各环节投资。二是扩大基础能力投资。找准突破口，加强在核心基础零部件、关键基础材料、先进基础工艺、产业技术基础以及工业软件等方面的基础能力投资，推动实现产业链创新链深度融合。三是推进重大科技创新平台建设。加快以国家实验室为引领的战略科技力量投资，以国家战略性需求为导向推进创新体系建设，适度超前布局国家重大科技基础设施。

二、着力增加产业升级型投资

加快传统产业高端化、智能化、绿色化转型升级和新兴产业投资，优化产业链布局，提升产业竞争能力。一是加大数字经济领域投资。加大数字经济相关领域投入，支持数字基础设施建设、数字产业化发展、产业数字化发展以及数字治理能力提升等领域加大投入力度。二是加大绿色低碳领域投入。重点加强能源结构调整、制造业领域节能减排技术改造、绿色建筑、绿色交通领域投资。支持低碳项目建设和低碳技术研发投资，加大能源电力、钢铁等绿色低碳转型重点领域的技术创新投资。三是加大产业安全型投资。构建跨区域的供应链网络和产业生态，支持产业链备份基地和区域性应急物资生产保障基地建设，形成在关键时刻和极端情况下实现经济正常运转的循环畅通产业链条。重点打造一批空间上高度集聚，上下游紧密协同的新兴产业集群，增强关键产业链供应链的自主可控能力。四是支持新兴产业和未来产业投资。支持企业提前布局占领产业竞争的制高点，在未来产业投资上实现突破，开发出世界依赖中国的技术和产品，形成战略威慑能力。

三、着力增加民生福祉增进型投资

适应新时代社会主要矛盾转化的需要，提升民众的幸福感、获得感、安全感。一是加大教育、养老、公共卫生等领域投资。推动高质量教育体系建设，实施知识更新和技能提升行动，加快建设高技能人才培训基地和技能大师工作室。支持企业和职业教育学校双向互聘，推动职业学校、应用型本科高校与大中型企业合作建设"双师型"教师培养培训基地。加大在生命健康、养老服务、教育托幼等领域的投入，推动政府投资从"以物为中心"向"以人为中心"转变。二是推动超大特大城市城中村改造投资。按照拆除新建、整治提升、拆整结合三类方式稳步推进超大特大城市城中村改造，支持具备条件的城区常住人口 300 万以上的大城市开展城中村改造。三是加强保障性住房建设投资。以缓解大城市住房矛盾为着力点，加大保障性住房建设和供给，尽快明确配售和管理机制，让工薪收入阶层逐步实现居者有其屋，推动建立房地产业转型发展新模式。四是加大住房品质提升投资。对接绿色节能、高科技赋能发展趋势与人民对美好生活的需要，整合并优化现有住宅建设规范和标准，建立引导性住宅建设标准，实施住房品质提升行动，有序推进住房质量提升。

四、着力增加消费促进型投资

找准投资与消费的结合点，增加有助于促进消费潜力释放的投资，实现投资与消费的良性互动。一是增加消费基础设施补短板类投资。完善商贸流通基础设施网络体系建设，加快推进门户枢纽城市、铁水公空多式联运节点城市、物流园区、农产品冷链物流设施、电子商务平台等设施建设。支持县级物流配送中心、乡镇物流站点建设改造，建设村级寄递物流综合服务站，在有条件的乡村布设智能快件箱，完善县乡村三级快递物流配送体系。二是扩大消费服务功能提升类投资。结合推进城市更新，强化城市存量片区改造与支持消费新场景发展的硬件功能衔接，加强对传统商业设施的改造，推动线下经营实体向场景化、体验式、互动性、综合型消费场所转型。加强县域商业体系建设，建设改造一批乡镇商贸中心、集贸市场、农村新型便民商店，推动重点商贸街巷改造升级。打造一批知名文旅精品和旅游线路，建成文化旅游高地和国际重要旅游目的地，释放文旅消费潜力。三是增加消费场景创新类投资。推进数字消费基础设施建设，促进信息消费体验中心建设改造，加大对新消费模式、新消费场景的投资支持力度，推动线上线下消费融合发展，推动新一代信息技术与更多消费领域融合应用。

五、着力增加基础设施战略性投资

适应社会主义现代化要求，统筹推进传统基础设施和新型基础设施建设，构建具有战略性、基础性、先导性的现代化基础设施体系。一是推进交通、能源、水利领域重大工程项目建设。围绕重大国家战略、对接"十四五"规划做好重大基础设施项目谋划，加快推进交通强国建设工程、现代能源体系建设工程、国家水网骨干工程建设。二是奠定新型基础设施未来优势。强化人工智能基础设施建设，加快推进通信网络、算力算法、传统基础设施转型升级、创新基础设施等新型基础设施建设。发挥我国新型基础设施和"东数西算"工程建设优势，推动数据中心、云计算、边缘计算与新能源供给消纳体系建设结合，形成有国际竞争力的高效率、低成本算力供给体系。三是打造清洁能源基础设施绝对优势。在确保能源安全前提下，持续加大新能源和可再生能源电力对传统煤电等化石能源电力的替代，推进清洁能源外送通道建设和清洁能源消纳体系建设，进一步释放清洁能源投资空间。

第十章　加大新质生产力投资

　　发展新质生产力是推动高质量发展的内在要求和重要着力点。习近平总书记强调，当前新一轮科技革命和产业变革深入发展。科学研究向极宏观拓展、向极微观深入、向极端条件迈进、向极综合交叉发力，不断突破人类认知边界。与此同时，世界百年未有之大变局加速演进，科技革命与大国博弈相互交织，高技术领域成为国际竞争最前沿和主战场，深刻重塑全球秩序和发展格局。虽然我国科技事业发展取得了长足进步，但原始创新能力还相对薄弱，一些关键核心技术受制于人，顶尖科技人才不足，必须进一步增强紧迫感，进一步加大科技创新力度，抢占科技竞争和未来发展制高点。从前文国际比较中可发现，提高全要素生产率是我国实现2035年发展目标的关键。因此，促进科技创新、加大新质生产力投资在未来至关重要，必须加快形成同新质生产力更相适应的生产关系，促进各类投资等先进生产要素向发展新质生产力集聚。

第一节　创新的融资需求特征

一、创新活动的融资需求特征

　　与传统经济活动相比，创新活动风险高、信息不对称、资金需求大、主体分散，更需要金融体系的支持。

一是创新风险较高，要求资金的风险容忍度较高。企业从事研发创新的产出具有高度不确定性，并且这种不确定性无法用预期回报率检验，失败概率较高，需要资金有更高的风险容忍度。

二是信息不对称问题突出，增加资金投入风险。创新过程往往是专业性活动，并且研发者常常不愿意披露更多信息，以免潜在竞争者模仿，研发者对研发成功的可能性和创新项目的预期回报通常拥有更充分信息，加大了投资者的项目筛选难度和资金投入风险。

三是资金需求量大、时间长。研发创新往往需要长时间大量资金投入才可能产生回报，包含较大的预先努力和启动成本，人力成本支出较高。

四是创新主体分散，要求融资手段和融资方式多元。企业特别是最具创新活力的中小企业数量众多，广泛分布于各个领域，多数企业的创新活动都需要外部融资，需要不同融资手段和融资方式进行支持。

二、不同创新阶段和创新主体的融资需求特征

创新类型可分为知识创新与技术创新。知识创新是创新活动的源泉，主要通过高校和科研院所开展基础研究实现。在此阶段，创新活动耗时长、不确定性极高、信息不对称问题非常突出，并且完全无收益，需要持续、稳定、不求回报的资金支持，但资金需求相对较小。在此阶段，应以财政资金和单位自筹资金为主，金融市场提供支持难度较大。

技术创新是知识创新在生产和服务领域的应用和延续，是知识转化为生产力的主要来源，是金融体系支持的重点。技术创新阶段可分为研发阶段、中试阶段、商业化产业化阶段。

技术创新的早期阶段是研发阶段，创新和融资主体是种子期和初创期企业。其中，种子期企业通过科技人员的创造性劳动，形成技术发明成果。由于企业的资产体量小，新产品尚未得到市场认可，技术风险大、信息不对称

问题突出，主体分散程度高。企业需要使用期限长、风险容忍度高、抵押物要求低的资金，需要投资者有较强的专业甄别能力，融资难度很大。因此，种子期企业天然以内源融资（自筹资金）为主，外源融资方面应主要依靠天使或创业投资的支持，并需要政府资金加强补贴和引导。初创期企业开始探索企业经营活动实现正现金流的商业模式，但由于新产品尚未得到市场认可，技术风险和产品风险仍然较大，信息不对称和主体分散仍是明显特征。企业仍然需要使用期限较长、对实物抵押要求低、风险容忍度较高的资金，往往被认为处于"死亡之谷"，融资难度仍然较大。因此，初创期企业仍应较大程度依靠自筹资金，外源融资方面以创业投资支持为主，信用贷款、知识产权质押等方式的信贷资金为辅，科技保险可发挥一定风险的分担作用。政府可通过设立创业投资引导基金等市场化方式引导创投市场，大力完善信用担保评级、知识产权质押等服务创新型企业的信贷服务。

在技术创新的中试阶段，科技成果开始向生产力转化，创新和融资主体主要是成长期企业。成长期企业技术发展相对成熟，拥有一定规模资产和一定信用记录，但创新活动仍有一定风险，资金需求规模扩大，需要多元化融资。因此，成长期企业需要私募股权投资、股票市场开始发挥更大作用，银行贷款可提供一定支持，债券市场的作用开始变大但总体有限。政府资金在该阶段应逐步开始退出，依靠市场对资源配置发挥更大作用。

在技术创新的商业化产业化阶段，科研成果转化为成熟的产品和产业，创新和融资主体是成熟期企业。成熟期企业已实现规模化生产，风险较低，信息披露机制更加完善，资产规模更大，由于需要持续推进技术改进、优化和升级，资金需求规模大，金融需求呈现多样化、个性化特征。因此，私募股权投资、股票市场、债券市场、银行贷款均可对成熟期企业提供支持，政府资金应完全退出这一阶段（见表10-1）。

表 10-1　不同创新阶段和创新主体的融资需求特征

创新类型	知识创新	技术创新		
创新阶段	基础研究	研发阶段	中试阶段	商业化、产业化阶段
创新主体	高校、科研院所	种子期企业	初创期企业	成长期企业	成熟期企业
风险程度	最高	很高	高	一般	较低
信息不对称	突出	突出	较突出	有所改善	有效改善
资金需求	规模小，长期稳定，不求回报	规模小，期限长	规模增加、期限较长	规模较大	规模大
主体分散程度	分散	分散	分散	较分散	较分散
其他特点	无收益	资产体量小，无收益		金融需求多样化	金融需求多样化
金融支持体系	金融市场提供支持难度较大	天使、创业投资支持	创业投资为主，信用贷款、知识产权质押、科技保险加强支持	私募股权投资、股票市场、银行贷款等多元化支持，个别依靠债券市场	发行股票、私募股权投资、贷款等多元化支持，发行少量债券
政府作用	提供财政资金投入和补贴，是主要来源	政府补贴或引导	发挥政府引导基金的积极作用	政府资金开始退出	政府资金完全退出

第二节　加快发展科技金融

一、发展科技金融的理论和现实逻辑

金融功能和科技创新的需求具有高度契合性，金融可以通过动员资金、风险管理等方式支持科技创新的资金需求。同时，加快发展科技金融也是实现创新驱动发展、加快建设金融强国的必然要求。

（一）理论逻辑：金融功能与科技创新需求高度契合

科技创新活动具有资金需求大、失败风险高、信息不对称、主体分散的特征。金融市场有动员资金、风险管理、激励约束和优化资源配置的功能，可对加大创新投入、降低创新风险、提高创新效率发挥重要支撑作用。

第一，金融通过动员筹集资金，满足创新的大量资金需求。创新活动的资金需求量大，并且往往需要长时间大量资金投入才可能产生回报，包含较大的预先努力和启动成本，资金瓶颈问题往往是制约创新实现的重要障碍。同时，由于存在巨额的交易成本和信息成本，科创企业作为筹资主体与拥有富余资金的投资主体，无法通过双边合约实现有效对接。而金融体系作为金融中介，可以发挥筹资作用，安排动员储蓄和闲散资金，降低交易和信息成本，以各种直接或间接方式有效筹集大量资金，以低成本、高效率方式为创新提供强大的资金支持。

第二，金融通过风险分担管理，分散创新活动的风险。创新是一项过程高风险、结果高收益的活动。企业从事研发创新的产出具有高度不确定性，并且这种不确定性无法用预期回报率检验，具有较高的失败概率。一般情况下，创新主体往往难以独自承担创新活动中的全部风险，需要通过相应机制分散和转移创新风险，实现风险在各参与主体间的合理分担。而金融系统的一个重要功能就是减少、分散和转移（配置）风险，可通过专业的风险管理技能、优化资产组合等方式管理和降低风险，促进技术创新过程中的不同主体通过各形式的合约联合起来，共同实现风险分散和共担。

第三，金融通过强化激励约束，缓解创新的信息不对称问题。创新过程是专业性活动，研发者对研发成功的可能性和创新项目的预期回报通常拥有更充分信息，并且常常不愿意披露更多信息，以免潜在竞争者模仿。对投资者而言，这加大了项目筛选难度和资金投入风险，因此投资过程存在较为突出的信息不对称问题。而金融体系可以通过过程监督和参与企业管理等方式缓解创新融资中的信息不对称问题。例如，银行的抵押和清算机制可以一定程度上克服信息不对称带来的道德风险和逆向选择问题，风险投资者可通过派驻董事、监事、投后管理等方式了解企业创新工作进度，金融市场可通过严格规范的信息披露制度和对公司经营状况的规范评价。这些金融方式通过建立更有效的激励约束机制，达到了监督资金正确使用、提升创新效能的作用。

第四，金融通过优化资金配置，满足创新的多元融资需求。企业特别是最具创新活力的中小企业数量众多，广泛分布于各个领域，处于创新链不同环节、不同类型企业的创新活动都需要外部融资，并且需要差异化融资手段和方式进行支持。金融市场具有信息甄别和处理、促进资金和项目匹配的功能，可以通过许多潜在投资者对技术创新的所有权和债权进行分析和竞争，选择最富生产性、创新能力和发展潜力的企业和企业家进行支持，从而改善金融资源在企业间的分配效率，引导资金流向创新型企业。同时，金融可根据不同创新主体的资金需求和风险程度匹配不同类型的支持方式，通过风险投资、股票市场、债券市场、银行贷款等多种方式进行支持，可以推动创新资源实现最优配置。

（二）现实逻辑：是创新驱动发展、实现金融强国的必然要求

面向国际科技博弈竞争日趋激烈的形势，面向全面建设社会主义现代化国家的要求，必须加快发展科技金融，推动科技自立自强、建设金融强国尽快实现。

第一，加快发展科技金融是贯彻新发展理念、实施创新驱动发展战略的迫切需要。当前，新一轮科技革命和产业变革方兴未艾，大国科技竞争日趋激烈，我国要在大国竞争中立于不败之地，必须实现依靠创新驱动的内涵型增长。创新在我国现代化经济建设全局中处于核心地位，完整准确全面贯彻新发展理念要着力实施创新驱动发展战略。习近平总书记强调，创新是引领发展的第一动力，发展动力决定发展速度、效能、可持续性，抓住了创新，

就抓住了牵动经济社会发展全局的"牛鼻子"。企业要发挥在技术创新中的主体作用，成为创新要素集成、科技成果转化的生力军，仅靠企业自有资金和政府补贴无法实现，必须依靠金融体系提供持续、稳定的资金支持。贯彻落实创新驱动发展战略，要求金融广泛服务于创新链和产业链上的各类主体、各个环节，形成资金链服务创新链产业链融合发展的内生机制，全面提升对创新型企业的支撑能力。

第二，加快发展科技金融是建设金融强国、走中国特色金融发展之路的必然选择。金融是国民经济的血脉，是国家核心竞争力的重要组成部分，加强对重大战略、重点领域和薄弱环节的优质金融服务是建设金融强国的重要发力点。金融要实现高质量发展，必须顺应经济社会发展的需要、特征和结构特点，积极服务实体经济，支持中国式现代化建设全局。因此，需要把更多金融资源用于促进科技创新、先进制造等战略性领域，支持实施创新驱动发展战略，做好科技金融等五篇大文章，推动金融资源满足经济社会发展和人民群众金融服务需求。

第三，加快发展科技金融是坚持系统观念、推动产业链创新链资金链人才链深度融合的题中之义。创新是一个系统工程，创新链、产业链、资金链、政策链相互交织、相互支撑，应打造科技、教育、产业、金融紧密融合的创新体系，走出一条创新链、产业链、人才链、政策链、资金链深度融合的路子。因此，坚持系统观念，应加强金融体系与创新体系的对接和支持，统筹考虑资金链与创新链、产业链的关系，围绕创新链产业链优化资金链布局，加强资金动员能力，为加快科技成果转化和提升产业链供应链现代化水平提供全链条、全方位资金支持。

第四，加快发展科技金融是优化创新资源配置、促进创新要素集聚的重要手段。习近平总书记提出，要发挥市场对技术研发方向、路线选择、要素价格、各类创新要素配置的导向作用，让市场真正在创新资源配置中起决定性作用。金融市场的竞争性较强，价格信号明确，资金在生产要素中流动性最强，性质最活跃，有利于流向潜在收益率高、技术水平强、发展前景好的创新型企业。当前，科技创新资源分散、重复、低效的问题还没有从根本上得到解决。推动金融支持创新，将有利于实现创新资源的高效配置，促进资金等各类创新要素向企业集聚。

二、金融支持创新的主要机制

（一）金融支持创新的机制

从创新活动与金融功能的契合性看，为满足创新活动的金融服务需求，金融支持创新主要通过风险管理、激励约束、提供资金、资源配置等机制实现。

一是实现有效风险管理。创新主体难以独自承担创新活动中的全部风险，需要通过相应机制分散和转移创新风险，实现风险在各参与主体间的合理分担。金融系统可通过专业的风险管理技能、优化资产组合等方式管理和降低风险，通过相应制度安排，促进技术创新过程中的不同主体通过各形式的合约联合起来，共同实现风险分摊。

二是强化激励约束机制。健全的金融体系可以通过规模效应、监督管理等功能降低金融摩擦和信息不对称成本，通过不同金融制度安排和约束，参与创新企业的战略制定过程和经营过程，建立更有效的激励约束机制，达到监督资金正确使用、提升创新效能的作用。

三是提供资金支持。资金瓶颈问题是制约创新实现的重要障碍，大量筹资主体和拥有富余资金的主体无法通过双边合约实现有效对接。而金融体系可以发挥筹资作用，安排动员储蓄和闲散资金，降低交易和信息成本，为创新各阶段的顺利开展提供资金支持。

四是提高资源配置效率。金融安排通过选择最富生产性、创新能力和发展潜力的企业和企业家，改善金融资源在企业间的分配效率。金融系统使许多潜在投资者对技术创新的所有权和债权进行分析和竞争，促进创新资源实现最优配置。

（二）各类金融方式支持创新的机制

金融支持创新的方式以银行信贷、股票市场、创业投资、债券市场为主，科技保险、金融科技等方式也日益发挥更加重要的作用。由于各类金融方式在风险偏好、资金来源、管理要求等方面存在差异，对支持创新作用机制的表现也有所不同。

第一，银行信贷支持创新。银行信贷是我国等间接融资主导型国家的创新型企业最主要债权融资方式。风险管理机制方面，银行内部建立相对严格的风险管理和控制机制，可以利用自身的业务规模和内部规则，带动创新型企业加强风险管理。同时，信贷资金的期限相对较长，可以在较长时期内跨期平滑和分散风险，有利于实现风险的跨期分散。激励约束机制方面，银行能够实施更加有效的资金监督。银行通常要求企业以投入项目或其他自有资产作为抵押品，当企业出现无法按期还款的违约行为时，银行有权对抵押品实行清算甚至要求企业破产以清偿债务。抵押和清算不仅能够保护银行和储蓄者的权益，也有利于银行克服由信息不对称导致的逆向选择和道德风险。资金提供机制方面，银行系统内拥有大量储蓄资金，可以为企业的技术创新活动提供有保障的信贷支持。国家控股的银行可以克服市场失灵现象，可以把国内储蓄引导到战略性产业。资源配置机制方面，银行具有"代理监督"的职能，通过发挥规模优势，可以更加有效地获取和处理信息，并进行有效的事先筛选，从而代理分散的个体储蓄者对融资企业进行筛选和监管。

同时，银行信贷支持创新也存在一定缺陷，一是门槛较高，银行对抵押资产要求严格、资金的风险容忍度较低，难以满足轻资产、高风险的创新型初创企业的融资需求；二是一定程度上增加了企业的财务风险，企业不仅面临着创新失败的风险，还面临着偿还本金和利息的风险。

第二，股票市场支持创新。股票市场美国等直接融资主导性国家支持创新的最重要方式。风险管理机制方面，股票市场可以较好分散跨部门风险，很少发生因"僵尸企业"而拖累金融市场、导致系统性金融风险的情况。同时，创新型企业通过发行股票，将经营风险部分转移和分散给投资者，并且股票回报的降低不会导致项目清算或企业破产，有利于对创新型企业的保护。激励约束机制方面，股票市场具有相对完善的监管机制，并要求上市企业优化治理结构，建立有效的会计标准，进行高质量的信息披露，这些措施有助于提升企业经营过程的公开透明程度，克服可能存在的信息不对称和道德风险问题。资金提供机制方面，股票市场可以广泛发动和集中社会闲散资金，形成巨额资本，动员资金投向需要支持的创新型企业。同时，股票各市场板块具有差异化定位和制度安排，可以服务于不同风险偏好资金的投融资需求。资源配置机制方面，股票市场的价格信号明确，资金流动性强，有利于充分发挥市场机制，突破条块分割和地域限制，推动资金的广泛流通，从而实现对创新要素的高效配置。

股票市场支持创新的缺陷在于：一是股票价格波动较大，如净值大幅缩水可能影响企业的后续研发投入；二是准入门槛较高，大部分早中期创新型企业难以达到上市条件。

第三，创业投资支持创新。创业投资在机制设计上有利于支持和激励创新，尤其是支持初创期、早中期中小企业开展创新活动。风险管理机制方面，创投机构有较高的风险容忍度，对单个企业的短期盈利能力并不看重，更重视企业的创新能力和发展潜力。创投机构通过投资布局实现风险管理，从整体上寻求收益最大化。激励约束机制方面，创投机构比其他金融机构更深程度地参与企业管理，对信息的掌握更充分，克服信息不对称问题。此外，创投机构一般具有丰富的经营管理经验和完善的社会网络体系，能够为企业提供战略制定、市场营销指导、企业管理服务和法律顾问服务等增值服务，帮助企业孵化。资金提供机制方面，创业投资专注于成长型中小企业的长期股权投资，投资期限一般在3~10年，给予企业较长的资金周转期，促进企业不局限于短期利益，更多地将重心放到对富有市场潜力的新技术、新工艺和新产品的研发创新中去，以提升企业的技术壁垒和长期竞争力。资源配置机制方面，创投机构一般有较强的技术和产业背景，对新兴行业的前沿发展情况和市场前景了解较深入，对创新项目的筛选能力强于银行和股票投资者，有利于促进资金向创新型企业聚集。

创业投资支持创新的缺陷在于，一是对企业股权有稀释作用，一定程度上减弱了企业自身的话语权和控制权；二是易发生跟风炒作等非理性投资行为，可能会干扰新兴行业的优胜劣汰秩序。

第四，债券市场支持创新。债券市场是债权融资的一种，在对创新的支持机制上总体与银行较为类似。风险管理机制方面，企业可通过债券融资将部分风险转移至投资者，实现了一定程度的风险分担。约束激励机制方面，企业发行债券定期对经营情况、财务信息、诉讼信息等进行信息披露，一定程度上缓解了信息不对称问题。资金提供机制方面，债券市场融资具有可持续性，且期限相对较长。相对于银行贷款，债券市场流动性更强，并且债券只会在市场中的各个投资者之间转移，不会从企业的创新活动中撤资，对企业创新活动有持续支持作用。同时，债券的发行期限一般为中长期，能够匹配企业创新活动的长期性。资源配置机制方面，债券可进行市场交易，具有交易价格，可发挥市场对创新资源的配置作用。

债券融资支持创新的缺陷在于，一是债券发行具有一定门槛条件，对尚未盈利的企业难以支持；二是对企业经营参与较少，仅在投资初期，对公司的创新能力、财务绩效、财务指标等历史数据对债券的风险情况进行评估，对信息的掌握能力偏弱；三是风险和收益不匹配，承担了企业创新的风险，但仅享有固定收益。

第五，科技保险支持创新。科技保险对创新活动的支持主要通过风险管理机制发挥作用，具体作用包括两方面：一是提供科技保险产品，分散风险、补偿损失。科技保险通过收取保险费的方式，把集中在科技企业创新过程中项目失败、中止、达不到预期目标等风险所致的经济损失平均分摊给所有的被保险人，并补偿了科技企业创新发展过程中出现的损失，减少了科技企业及其管理层研发人员的后顾之忧。

二是加强风险监督，提升企业风险管理能力。作为保险方，保险公司有动力加强风险监督，并帮助企业强化风险管理，提升对研发项目的风险控制和评估能力，以达到尽可能避免损失的目的。同时，作为参保者，科技型企业有动力加强风险管理，以达到尽可能减轻保费负担的目的。

第六，金融科技支持创新。金融科技对创新活动的支持主要通过激励约束机制和资源配置机制发挥作用。激励约束机制方面，金融科技可以有效减轻信息不对称问题。通过互联网、大数据、云计算和人工智能等手段，科技型企业的经营活动、信用状况、上下游客户等信息有迹可循，促进各类金融方式可以对创新型企业实现更有效的监督。尤其是对于供应链金融，借助大数据、区块链等技术，可以有效把握供应链体系的上下游资金、货物情况，提升供应链金融的可靠性。

资源配置机制方面，金融科技手段通过识别科技型企业的各类信息和市场的及时反馈，可以更精准地判断对企业经营状况和创新能力，从而筛选出最具创新能力的企业。

三、科技金融的进展成效和面临挑战

近年来，我国金融支持创新取得明显成效，科技金融政策不断完善，科技金融产品和服务的供给质量和规模持续提升。但受发展水平、管理能力、体制机制等因素的制约，金融在支持的力度、质量、机制和政策等方面仍不能满足创新发展的需求，金融体系与创新体系的对接和融合程度上仍存在差距。

（一）取得的进展成效

第一，科技金融产品供给规模持续扩大。银行信贷方面，截至 2023 年 9 月末，高技术制造业中长期贷款余额、科技型中小企业贷款余额、全国"专

精特新"企业贷款余额分别达 2.6 万亿元、2.4 万亿元和 2.8 万亿元，分别同比增长 38.2%、22.6%和 18.6%，均连续 3 年保持了 20%以上的增速。债券市场方面，截至 2023 年 9 月末，科技型企业发行科创票据的余和科技创新公司债券的余额合计超过 4500 亿元；战略性产业企业在银行间市场发债和交易所发债的融资发债余额合计超过 1 万亿元。股权投资方面，随着科创板和北交所的设立、全面注册制的推行，超过 1000 家"专精特新"中小企业在 A股上市。截至 2023 年 12 月底，科创板累计上市企业 692 家，累计募资金额 1.06 万亿元，较 2022 年底分别同比增长 21.4%和 23.5%；北交所累计上市企业 254 家，累计募资金额 491.6 亿元，较 2022 年底分别同比增长 47.3%、46.2%（见图 10-1、图 10-2）。

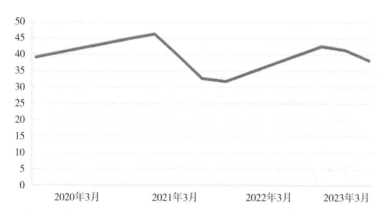

图 10-1　2020 年 3 月至 2023 年 9 月高技术制造业中长期贷款余额增速

资料来源：wind，下同。

第二，科技金融产品类型不断丰富。信贷市场方面，创新型企业授信、担保条件持续优化，知识产权融资质押、股权质押、供应链金融等担保模式逐渐多样化，投贷联动试点、贷款风险补偿试点等政策相继实行，多个银行设立了支持中小企业和科技企业的普惠金融业务部门、科技支行。债券市场方面，鼓励创新型企业发行公司债、企业债、专项债等政策相继出台，科创

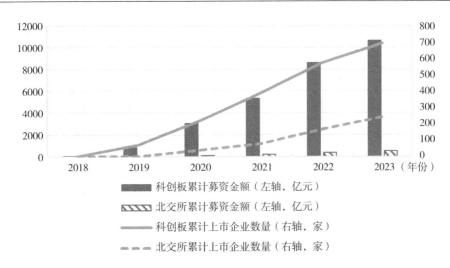

图 10-2　2018 年以来科创板和北交所上市企业情况

票据、科技创新公司债等支持创新的品种和规模持续增加。多层次资本市场方面，设立科创板、北交所，深化新三板改革，推动全面注册制改革，资本市场服务科技型企业的功能明显增强。创业投资和股权投资在募、投、管、退环节政策不断健全，创投二级市场基金加快发展，私募基金份额转让试点范围不断扩大，并购市场更加活跃，股权投资市场对创新支持作用显现。

第三，科技金融服务能力明显增强。企业信用评级体系走向成熟，征信领域的基础数据联网加快，信用征信和信用评级机构快速发展并走向逐渐规范。大数据、云计算和区块链等科技水平不断发展，金融基础设施运行效能不断提升，促进资金精准投放。信用担保体系渐趋完善，担保机构业务能力提高，担保成本不断降低。风险管理工具种类增多，资产支持证券、票据支持证券、可转换债券等金融衍生品市场快速发展，信用违约互换等信用风险管理工具涌现。

第四，科技金融开放水平稳步提升。目前，金融开放已覆盖银行、证券、保险、支付、信用评级等多种金融牌照以及支付、托管、评级等金融基础设施，为企业技术创新活动提供了更多高质量、低成本的金融服务支持。跨境融资便利化试点政策开始推行并逐步扩大范围，符合条件的中小微高新技术企业可以在一定额度内自主借用外债，不受净资产规模较小的限制。合格境外有限合伙人（QFLP）的外汇管理试点政策持续优化，外资也可以投资私募股权基金，参与投资境内科技型企业。跨国公司跨境资金流动的相关政策不断完善，科技型企业的财务成本得以降低，资金使用效率明显提升。

（二）面临的问题挑战

第一，金融支持科技创新力度有待提升。一是信贷融资仍无法满足科技型中小企业发展需求。我国金融结构以间接融资为主，难以完全适应创新发展的金融需求。由于大型商业银行风险控制要求严，中小型银行专业性不足，政策性银行的功能定位和管理体制不服务于科创企业，也未建立没有真正意义上的科技银行，导致对中小型科技型企业的信贷支持方面缺口较大，适合科技型中小企业的信贷品种较少，贷款占比较小。二是目前支持创新债券的发行品种较少、规模较小、期限较短。目前公司债、企业债等债券的发行门槛较高，融资主体多为大中型企业，专项支持企业创新的债券品种仅限于创新公司债等少量工具品种，较难满足创新主体多样化的债券融资需求。同时，创新相关债券发行的规模较小，整体占比较低，且债券发行信息披露要求与创新的私密性属性存在一定矛盾，企业通过债券进行创新融资的主观能动性不强。三是股权投资市场对创新支持质效仍需提高。我国股权投资长线资金参与股权投资市场比例较低，股权投资市场投早投小的比例明显不足。同时，国内股权投资市场国有资本近70%，国有资本保值增值的政策导向叠加尚未健全的容错机制，抑制了股权投资机构支持早中期创新的意愿。此外，退出渠道较少、退出难度较高等问题让更多资本参与股权投资市场存在顾虑，募资难、募资贵等问题依然突出。

第二，金融对科技创新的服务水平有待提高。一是各类配套性金融工具的功能没有充分发挥。以科技保险、科技担保为代表的中介类金融支持创新政策并没有充分考虑不同产业、不同企业的个性化特征，不能充分满足企业创新的多样化服务需求。同时，配套金融服务的资金规模小、惠及主体少，企业获得感不强。二是企业享受配套性金融政策服务的成本较高。从企业层面看，以科技保险、科技担保为代表的中介类金融支持创新政策实施主体多以国有背景机构为主，具有天然的风险规避属性，审慎的态度延长了企业获得金融支持的时间成本。从金融机构看，为支持创新型中小企业发展，其提供服务的费率普遍较低，使得金融机构无法有效通过开展政策支持性业务覆盖经营成本，弱化金融机构落实相关政策的主观能动性。三是针对性服务机制仍需健全。我国多层次资本市场尚未充分实现创新的全流程服务机制，在提供专有平台进行企业技术创新、上市辅导、创新成果转化与应用、数字化智能化改造、知识产权应用等服务方面与发达国家仍有差距。

第三，金融支持科技创新的机制有待优化。一是银行支持创新的信用增进机制仍不完善。对科技企业发放贷款时，较多银行仍需要企业以土地、厂房等固定资产进行抵押，知识产权质押贷款、库存商品抵押贷款等抵质押方式的贷款规模规模有限。同时，科技创新的风险补偿机制仍待完善，在经济发展水平不高的地方政策难以保障。二是多层次资本市场定位仍需明确。目前部分板块的上市企业主体存在一定重合，且上市条件也有相对类似，板块间企业构成的有序度有待提升。上市、转板上市渠道仍需畅通，多层次资本市场对创新企业发行上市的包容性有待提升，针对处于发展初期的创新企业仍设置了较高的硬性门槛。三是市场发行和退出机制不够健全，难以发挥优胜劣汰筛选机制。我国企业上市程序仍比较繁杂，市场化定价机制仍待完善。同时，多元化的退市机制建设还未达到市场预期，每年上市公司的数量仍远大于退市公司数量。

第四，金融支持科技创新的政策有待协同。一是政策的纵向协同仍需优化，支持政策的连续性和稳定性仍需提高。目前，我国已基本形成了相对健全金融支持创新政策体系，但部分政策在落实过程中存在前后标准不一、惠及主体变更、支持力度调整等问题，影响企业获得感和稳定发展。二是政策的横向协同仍待提高，部分金融支持创新政策之间存在较多的功能重叠，可能降低政策落实的边际效果。此外，部分政策设计机制仍待完善，例如在科技保险领域，政府补贴到账周期长、额度小，"一刀切"的补贴标准与异质性科技保险需求不相匹配。

三、发展科技金融的总体思路和路径方向

（一）总体思路

立足新发展阶段，面向新征程，要以习近平新时代中国特色社会主义思想为指导，完整、准确、全面贯彻新发展理念，适应新时代创新驱动发展的需要，推动产业链创新链资金链人才链深度融合，引导金融向关键核心技术攻关、科技成果转化、科技型和创新型中小企业、高新技术企业等重点领域集聚，加快构建高质量科技金融体系，推动建设金融强国。

（二）需要处理好的几对关系

一是处理好有为政府与有效市场的关系。在正外部性强、不确定性高的早期创新阶段以及面向经济主战场、面向国家重大需求的前瞻性、战略性领域，发挥新型举国体制优势，加大政府资金投入和对社会资本的引导。在充分竞争领域和创新技术的商业化产业化阶段，发挥市场在金融资源配置中的决定性作用，促进资金向各类创新主体集聚。

二是要处理好健全体系与重点支持的关系。坚持系统观念，加强金融体系与创新体系全面对接的全局性谋划、系统性布局，优化制度安排，注重整体推进，发挥金融体系对各类创新主体、创新基础、创新要素的全面支持作用。加大金融体系对关键核心技术、产业链供应链"卡脖子"环节和创新型中小微企业的支持力度，重点支持促进我国科技自立自强的关键领域，集聚资源实现重点突破。

三是要处理好政策稳定性与灵活性的关系。增强金融支持创新政策的前

瞻性，提高政策连续性稳定性，引导金融市场和创新主体形成合理稳定的政策预期，促进各类创新主体持续加大投入。在严守安全底线的前提下为新产业新业态发展留足空间，落实和完善包容审慎监管要求，加强与市场沟通，根据创新发展新趋势新要求逐步完善监管政策。

四是要处理好改革创新与风险防控的关系。持续深化"放管服"改革，不断提升金融科技水平，推进金融与创新深度融合，增强金融服务创新效能。做好风险匹配，加强风险管理，对不同创新环节和方式提供差异化金融服务，完善金融支持创新中的预防、预警、处置和问责机制，坚守不发生系统性金融风险底线，提升金融支持创新的可持续发展能力。

（三）路径方向

继续健全支持创新的金融体系。系统构建适应创新融资需求的金融体系，适合提高自主创新能力、提升国家创新体系整体效能的需要，在金融基础制度上形成一整套广覆盖、多层次的系统性安排。推动金融体系与创新体系协同发展，金融资源与产业链创新链布局紧密衔接，金融体制机制不断适应创新发展需要。

持续优化适应创新的金融结构。进一步提高直接融资比重，充分发挥直接融资特别是长期股权融资对创新的支持作用。进一步拓宽科技型企业的国内上市融资渠道，继续增强创投基金对早期创业企业的支持力度，有效发挥债券市场对科技创新企业的支撑作用。不断完善适应创新需要的间接融资体系。提高银行业金融机构在产品设计、贷款准入、考核激励方面对创新型企业的兼容度，推动投贷联动、知识产权质押等方面业务取得明显进展。

不断丰富服务创新的金融产品。针对不同创新主体、创新活动和创新阶段的需要，提供更为丰富、更为全面的金融产品支持。推动银行、保险、债券、股权投资、资本市场等对创新型企业的支持方式更加多样，科技金融产品更加完善，服务模式不断创新，支持效果更加有力。

进一步完善促进创新的金融政策。全面优化鼓励创新的金融政策环境，促进金融政策与产业政策、创新政策相互配合，金融发展政策与监管政策相互协调，创新链、产业链、人才链、政策链、资金链深度融合机制健全。不断完善政策执行机制，增强科技金融政策的获得感。

积极防范创新伴生的潜在金融风险。金融机构可以充分运用大数据、人工智能等金融科技手段，提高风险识别、判断和风险管理能力。支持创新过程中，建立健全透明、及时、高效的信息披露机制。完善全覆盖、差异化的科技金融监管框架，鼓励优化长效稳定的科技金融监管环境。

四、加快发展科技金融的主要发力点

面向新时代实施创新驱动发展战略的要求，发展科技金融要立足我国现实国情，一方面发挥好间接融资的积极作用，继续提升科技信贷服务能力，另一方面扩大直接融资比重，进一步激发创业投资活力，完善多层次资本市场功能，扩大创新债券市场规模，发挥好保险作用，探索出一条中国特色科技金融发展之路。

（一）健全银行支持创新体系

第一，推动完善多层次、专业化、特色化的银行体系。积极发挥开发性、政策性金融的作用，鼓励开发性金融结构在依法合规、风险可控的前提下，探索合理提高转贷款业务中的科技型小微企业融资比重。推动商业银行科技金融服务提质增效，引导商业银行提升科技金融服务水平，加大对科技型中小企业知识产权质押融资、信用贷款、首贷和续贷投放力度，进一步强化绿色技术企业、农业科技企业服务，积极支持高新技术企业、"专精特新"中小企业等创新发展。支持商业银行建设创新金融事业部、科技分（支）行等创新金融专营组织。已设立专营支行的商业银行，加强专营支行的专业能力建设，以科技支行、科技特色分支机构为载体，提升联动能力，扩大覆盖面，满足更多创新型企业转型升级的融资需求。

第二，创新银行信贷产品与服务模式。鼓励银行业金融机构优化科技信贷服务模式，建立覆盖创新型企业全生命周期的信贷服务体系。根据种子期、初创期企业、成长期、成熟期企业等企业不同的金融需求和风险特征，优化利率定价和利息还付方式，开展差异化金融支持。完善知识产权质押服务，支持商业银行适应知识产权质押融资特点的需要，优化知识产权质押相关的登记、评估、信贷审批、风险管理等制度性安排。优化投贷联动模式，鼓励银行在风险可控前提下与外部投资机构深化合作，探索"贷款+外部直投"等业务新模式，在科技企业生命周期的更早阶段开展金融服务。根据科技型中小微企业与上下游企业紧密合作的特点，探索规范开展保单质押融资、供应链融资等融资业务。

第三，加强银行与其他机构的协同创新。鼓励银行加强与政策性担保机构合作，加强银税联动合作，利用企业纳税等信息、大数据手段准确评价企业信用，推出线上自动受理、自动审批的小额信贷创新产品。鼓励银行与创新企业孵化平台、高新技术产业园区合作，为园区建设提供贷款的同时，加强园区内科创企业的金融服务。支持银行与风险投资机构、证券公司等金融机构合作，对投资机构通过尽职调查、意向投资的科创型企业和"专精特新"企业提供适当贷款。

（二）强化创投市场支持创新功能

第一，拓展创投市场中长期资金来源。鼓励和支持保险资金、企业年金、养老金等按照商业化原则投资创投基金。完善商业保险资金、企业年金等中长期资本参与股权投资机制，研究适当调整银行、保险等金融机构绩效评价标准和风险计提资金比例，对出资创新型企业适当延长考评周期，提升长期资本投入创业投资和私募股权投资创投基金的比例。培育和壮大天使投资人群体，加强天使投资人与创业企业、创投基金的信息交流与合作，营造良好的天使投资氛围。积极开展国际合作，扩大合格境外有限合伙人（QFLP）和合格境内投资企业（QDIE）试点，吸引专注投早投小的外币基金投资国内。

第二，引导创投机构投资阶段向早期延伸。鼓励创业投资机构和股权投资机构对创新型企业进行长期投资和价值投资。在引导基金参股、投资项目对接、资本市场退出等方面做出制度性安排，对开展长期投资的创投机构加大政策支持力度。建立健全创投基金，尤其是政府引导基金和国资基金的尽职免责机制，引导国资基金更多投向创新型企业早期阶段。完善鼓励长期投资的创投税收优惠政策的执行机制，提高政策获得感。

第三，更好发挥政府引导基金积极作用。完善顶层设计，尽快设立新一期国家新兴产业创业投资引导基金。优化政府引导基金和国企设立基金的绩效考核和容错激励机制，提高对股权投资基金的风险容忍度，发挥对培育种子期、初创期科创企业的示范引领效应。鼓励地方政府引导基金优化返投机制，更好统筹培育企业和招商引资的关系，提高基金的市场化程度。差异化设定各类政府基金政策目标，避免同质化竞争带来资金浪费和产能过剩。优化引导基金风险监管和风险防范制度。

第四，畅通创投基金退出渠道。继续深入推进全面注册制改革，统筹一二级市场平衡，保持 IPO 和再融资常态化，给创投基金退出以稳定预期。鼓励 S 基金发展，完善二手风投基金份额转让交易，提升风投市场的流动性。推动并购市场进一步活跃完善，鼓励符合条件的创投基金通过并购方式退出。

（三）提升股票市场服务创新水平

第一，健全股票市场支持科技创新功能。完善多层次股票市场体系，精简优化各板块的发行上市条件，促进各层次股票市场协调发展、有机互联。优化创新企业甄别筛选机制，制定契合创新企业特点的差异化定价标准。进一步提升科创板、创业板、北交所等服务创新型企业的水平，发挥区域性股权市场支持创新的积极作用，为创新型企业提供更加有效的融资服务。

第二，促进股票市场平稳健康运行。加强股票市场监管，强化对资本市场信息披露的规范要求，利用大数据等方式加强监管协同和信息共享，完善股票风险监测、预判和应对处置机制。强化监管执法和投资者保护，依法从严打击交易过程中的违法行为。深化退市制度改革，简化退市程序，完善退市标准，推动形成市场化、常态化退出机制。持续推动重点领域风险有序缓释，守牢不发生系统性金融风险的底线。

（四）积极扩大创新债券市场规模

第一，丰富债券创新市场品种。鼓励科技企业利用债券市场融资，支持科技企业通过发行企业债、公司债、短期融资券、中期票据、中小企业集合票据、中小企业集合债券、小微企业增信集合债券、中小企业私募债等产品进行融资，进一步探索发现创新企业高收益债、非上市创新企业可转债等科创主题债券品种。

第二，提高债券市场服务创新水平。完善市场化债券发行机制，优化科技型企业发行审批流程，稳步扩大创新债券市场规模。鼓励和支持相关部门通过优化工作流程，提高发行工作效率，为科技企业发行债券提供融资便利。对符合条件的科技企业发行直接债务融资工具的，鼓励中介机构适当降低收费，减轻科技企业的融资成本负担。完善创新企业的信用评级方法，合理反映地区差异和项目差异，提升对创新型企业的评级质量和区分度。

（五）更好发挥保险支持创新作用

第一，完善科技保险产品体系。鼓励保险机构针对科技创新企业创新保险产品，为企业从技术研发到产业化生产和销售提供保险保障。支持开展首台（套）重大技术装备保险试点等保险试点，扩大科技保险的产品应用范围。丰富科技保险业务品种，为科技企业提供知识产权执行保险等知识产权保险服务。鼓励保险公司创新方式为大型科技企业提供综合性保险服务。

第二，优化科技保险的风险分担补偿机制。完善再保险服务体系功能，为科技保险有效分散风险。继续完善首台（套）重大技术装备保险等的保险补偿机制试点工作，鼓励创新领域的重大装备、关键零部件和新材料进一步市场化应用。鼓励地方政府根据本地实际情况，通过保费补贴和风险补偿等方式支持科技保险的分担补偿。

第三，优化保险资金运用方式。鼓励和引导保险资金以保障安全性和收益性为前提，发挥作为长期资金的优势，通过债权、股权等多种形式加大对科技创新企业支持力度。优化相关监管和考核机制，支持保险资产管理机构开发与创业投资和私募股权投资相适应的长期投资产品。鼓励保险机构与银行业等金融机构开展信息共享，探索共同合作开展投贷保联动、股债保结合等业务。支持保险机构与头部股权投资基金合作，投资机构为保险公司提供具有高技术门槛的优质产品、项目投研服务，保险公司向基金引流优质企业，提供定增、重组、IPO上市等服务。

（六）优化金融支持创新的政策环境

加强科技金融政策的统筹协调。加强金融、科技等多部门协同，打通政策难点、堵点、痛点，形成政策全力。鼓励政府基金管理机构联合地方政府、金融机构、创新型企业、高校及研究院所等相关主体，整合金融、产业和创新资源，鼓励形成多方协同发展机制。加强金融风险防范，鼓励金融机构统筹金融风险防范和支持创新发展，形成可持续的盈利模式。建立健全真实、透明、及时、高效的信息披露机制，建立鼓励创新、规则明确、防范风险、行业自律的长效稳定的监管环境。

第三节　加强财政政策对科技创新的支持

一、建立健全财政科技投入统筹机制

加大基础研究财政投入力度，优化支出结构，形成持续稳定投入机制。整合财政科研投入体制，重点投向战略性关键性领域，改变部门分割、小而散的状态，加快建立完善财政科技投入管理体系和部门科技投入联动协同、重大科技投入统筹聚焦的管理机制。加快科技管理职能转变，强化规划政策引导和创新环境营造，减少分钱分物定项目等直接干预。对基础研究、战略性前沿技术和社会公益领域的创新活动，着力完善以财政投入为主、引导社会参与的机制，加大稳定性、持续性的财政聚焦支持力度；对市场需求明确的技术创新活动，通过风险补偿、后补助、政府购买服务等方式，促进科技成果转移转化和资本化、产业化。

二、优化财政对科技创新的支持方式

更好发挥政府投资基金的引导带动功能，完善天使投资、创业投资引导机制，通过政府股权投资、引导基金等市场化投入方式，引导社会资金投入科技创新领域，重点投向创新链前端风险相对较高的成长型中小企业。严格政府投资基金的新设程序，坚持在同一行业或领域不重复设立的原则，整合优化已设立基金，规范基金投资运作，提高对科技创新的支持效率。加大对金融资源的引导，引入股、债、贷、担保、保险等多元化的金融产品，满足创新创业的融资需求。

三、营造有利于创新发展和发展现代产业体系的财税环境

鼓励企业开展基础研究，对企业投入基础研究实行税收优惠。实施更大力度的研发费用加计扣除、高新技术企业税收优惠等普惠性政策，完善激励科技型中小企业创新的税收优惠政策。完善政府采购对创新活动的引导机制，构建符合国际规则、优先使用创新产品和服务的政府采购政策体系，对首次投放市场的创新产品实施政府首购政策，支持政府投资和国有企业建设的重大工程采购创新产品，在采购项目预算安排上给予中小企业专门的预留份额，支持高端智能装备首台（套）、新材料首批次和软件首版次应用。

参考文献

1. ［日］《特定产业构造改革临时措施法》，1983 年 5 月。

2. ［日］《特定萧条产业临时安置法案》，1978 年 2 月。

3. ［日］大藏省编《财政金融统计月报》1990 年 12 月附表《主要经济统计指标》。

4. ［日］厚生省，《高龄者保健福利推进十年战略》，1989 年 12 月。

5. ［日］通商产业政策史编纂委员会，《日本通商产业政策史》第 1 卷，中国青年出版社，1997 年，第 9 页。

6. ［日］周刊《东洋经济》1990 年 12 月 14 日，第 47 页。

7. ［日］经济企划厅，《公共投资基本计划（1991-2000）》，1990 年 6 月。

8. Binelli C，Maffioli A. A micro-econometric analysis of public support to private R&D in Argentina ［J］. International Review of Applied Economics，2007，21（3）：339-359.

9. Bruckner M，Tuladhar A. Public Investment as a Fiscal Stimulus：Evidence from Japan′s Regional Spending During the 1990s ［J］. IMF Working Papers，2010（4）：1-34.

10. Chemmanur T J，Fulghieri P . Entrepreneurial Finance and Innovation：An Introduction and Agenda for Future Research ［J］. Review of Financial Studies，2013，27（1）：1-19.

11. Fukao K, Ikeuchi K, Kim Y G, et al. The Structural Causes of Japan's Lost Decades [C] //Third World KLEMS Conference, Tokyo, Japan, 2014 (5): 19-20.

12. Geroski P A. Procurement policy as a tool of industrial policy [J]. International Review of Applied Economics, 1990, 4 (2): 182-198.

13. Kang K, Park H. Influence of government R&D support and inter-firm collaborations on innovation in Korean biotechnology SMEs [J]. Technovation, 2012, 32 (1): 68-78.

14. Saxena M, Chotia V, Rao N V M. Estimating the Efficiency of Public Infrastructure Investment: A State Wise Analysis [J]. Global Business Review, 2016, 19 (4): 1037-1049.

15. Mihaiu D M, Opreana A. The Analysis of the Relationship between the Level of the Public Expenditure for Investments and de Degree of Development of the Society in Romania [J]. Procedia Economics and Finance, 2013 (6): 64-661.

16. Min Cheng, Yujie Lu, . Investment efficiency of urban infrastructure systems: Empirical measurement and implications for China [J]. Habitat International, 2017 (70): 91-102.

17. Miyazaki T. Public investment and business cycles: The case of Japan [J]. Journal of Asian Economics, 2009, 20 (4): 419-426.

18. Palmberg C. The sources of innovations—Looking beyond technological opportunities [J]. Economics of Innovation and New Technology, 2004, 13 (2): 183-197.

19. Romero-Martínez A M, Ortiz-de-Urbina-Criadob M, Soriano D R. Evaluating European union support for innovation in Spanish small and medium enterprises [J]. Service Industries Journal, 2010, 30 (5): 671-681.

20. Rothwell R. Technology based small firms and regional innovation potential: The role of public procurement [J]. Journal of Public Policy, 1984, 4 (4): 307-332.

21. Un C A, Montoro-Sanchez A. Public funding for product, process and organizational innovation in service industries [J]. Service Industries Journal, 2010, 30 (1-2): 133-147.

22. 艾冰, 陈晓红. 政府采购与自主创新的关系 [J]. 管理世界, 2008 (3): 169-170.

23. 巴曙松, 赵慧倩. 中国金融体系支持科技创新的约束何在？[J]. 中国银行业, 2022 (4): 14-16.

24. 白雪. 我国金融资源将更多投向实体经济和创新领域 [N]. 中国经济导报, 2023-07-29 (003).

25. 刁莉, 罗培, 史欣欣. 我国对中亚五国的直接投资效率与对策 [J]. 经济纵横, 2016.

26. 雷辉. 我国资本存量测算及投资效率的研究 [J]. 经济学家, 2009 (6): 75-83.

27. 杜月. 推进金融支持创新体系建设 [J]. 中国投资 (中英文), 2022, (Z5): 88-89.

28. 范兆斌, 潘琳. 中国对 TPP 成员国的直接投资效率及影响因素——基于随机前沿引力模型的研究 [J]. 国际经贸探索, 2016, 32 (6): 71-86.

29. 范作申. 日本高速发展时期的城市问题与对策——以城市建设开发为中心 [J]. 日本学刊, 2004 (4): 82-98.

30. 郭晓琼, 蔡真. 中国对上海合作组织国家投资效率研究——基于 DEA-面板 Tobit 的实证分析 [J]. 俄罗斯东欧中亚研究, 2019 (3): 45-60+156.

31. 国务院政策例行吹风会（2023 年 7 月 27 日）_ 中国政府网 [EB/

OL]．（2023－7－27）［2023－11－26］．https：//www. gov. cn/govweb/xinwen/
2023zccfh/15/.

32. 霍林，蔡楚岸，黄俊杰．动态视角下的中国对东盟 OFDI 效率——基
于超效率 DEA-Tobit 的实证分析［J］．投资研究，2021，40（4）：17-28.

33. 季凯文，周吉．"一带一路"建设下我国对外直接投资效率及其影
响因素——基于随机前沿引力模型［J］．经济与管理评论，2018，34（4）：
138-148.

34. 景乐．地方政府出资设立引导基金的问题与建议［J］．沈阳师范大学
学报：社会科学版，2013，37（3）：47-49.

35. 李冰，田世慧．"一带一路"沿线国家 IFDI 的投资效率研究［J］.
经济论坛，2021（10）：61-72.

36. 林淑馨．民营化与第三部门：日本铁路改革经验的反思［J］．公共行
政学报，2004：109-142.

37. 林毅夫，付才辉，任晓猛．金融创新如何推动高质量发展：新结构
经济学的视角［J］．金融论坛，2019，24（11）：3-13.

38. 刘昌黎．日本落后地区的开发及其经验［J］．东北亚论坛，2001
（2）：13.

39. 刘慧勇．日本财政投融资的筹集与运用［J］．经济研究参考，1993
（Z6）：132-1362.

40. 陆晓昕．科技创新金融支持体系的问题与对策研究［J］．科技经济
市场，03（5）：4-6.

41. 吕若郁．借鉴德国经验 推动我国股权投资发展［J］．改革与开放，
2011（8）：15-17.

42. 庞德良，于林英．战后日本公共投资存在的问题及改革方向［J］．现
代日本经济，2008（2）：31-35.

43. 秦军．科技型中小企业自主创新的金融支持体系研究［J］．科研管

理, 011, 3 (1): 79-88. DOI: 10.19571/j.cnki.1000-995.011.01.011.

44. 盛继勤. 战后日本是怎样解决基础结构投资财源的 [J]. 天津社会科学, 1987 (1): 012.

45. 盛永恒. 20 世纪 90 年代以来日本财政政策失效成因 [J]. 日本问题研究, 2011, 25 (3): 17-23

46. 宋宝琳, 王丽, 宋凤轩. 中国省际地方政府投资效率评价与比较 [J]. 统计与决策, 2022

47. 孙执中. 日本怎样避免盲目投资与重复建设——对日本特种萧条产业政策史的考察 [J]. 日本学刊, 1997 (3): 71-76.

48. 田泽, 施滢滢, 任芳容, 房裕. 中国对 "一带一路" 亚非欧重点国家直接投资效率评价研究——基于动态 DEA 方法 [J]. 工业技术经济, 2021, 40 (4): 29-37.

49. 田泽, 许东梅. 我国对 "一带一路" 重点国家 OFDI 效率综合评价——基于超效率 DEA 和 Malmquist 指数 [J]. 经济问题探索, 2016 (6): 7-14

50. 王丛虎. 论我国政府采购促进自主创新 [J]. 科学学研究, 2006, 24 (6): 967-970.

51. 魏佳宁,《对日本 "地方政府平台" 的考察》, 中国金融 40 人论坛, 2010. http://www.cf40.org.cn/plus/view.php? aid=3018.

52. 五部门关于金融支持制造强国建设的指导意见 (银发 [2017] 58 号) [EB/OL]. [2024-01-05], https://www.gov.cn/xinwen/2017-0/0/content_ 518198.htm

53. 习近平: 高举中国特色社会主义伟大旗帜 为全面建设社会主义现代化国家而团结奋斗——在中国共产党第二十次全国代表大会上的报告 [EB/OL]. (2022-10-25) [2023-11-26]. https://www.gov.cn/xinwen/2022-10/25/content_ 5721685.htm

54. 习近平：努力成为世界主要科学中心和创新高地［EB/OL］. (2021-3-15) ［2023-11-26］. https：//www. 12371. cn/2021/03/15/ARTI16157923 24351236. shtml.

55. 习近平：深入理解新发展理念［EB/OL］. (2019-5-16) ［2023-11-26］. https：//www. 12371. cn/2019/05/16/ARTI1557969383087897. shtml

56. 熊彼特. 经济发展理论［M］. 中国社会科学出版社，2009.

57. 徐飞. 日本财政投融资体制改革的特点及借鉴［J］. 日本问题研究，2010 (3)：25-33.

58. 杨德伟，汤湘希. 政府研发资助强度对民营企业技术创新的影响——基于内生性视角的实证研究［J］. 当代财经，2011 (12)：64-73.

59. 杨凯瑞，申珊. 改革开放以来中国科技金融政策演变与启示——基于对中央政府政策文本的共词分析［J］. 中国科技论坛，2021 (6)：105-118+148.

60. 杨书臣. 日本投资管理［M］，经济管理出版社，1992 年。

61. 杨玉霞，张颖. 日本财政投融资制度及对我国的启示［J］. 日本研究，2006 (3)：29-34.

62. 尹艳林. 加快我国支持技术创新的金融体系建设［J］. 宏观经济研究，2016 (7)：8.

63. 应晓妮，赵其一. 完善支持创新型企业全生命周期的银行金融服务［J］. 中国投资 (中英文)，2022 (Z9)：88-89.

64. 由林青，朱鹤. 探索金融支持科技创新的中国模式［J］. 中国金融，2023 (2)：73-74.

65. 于斌斌. 传统产业与战略性新兴产业的创新链接机理——基于产业链上下游企业进化博弈模型的分析［J］. 研究与发展管理，2012，24 (3)：100-109.

66. 张明喜，周代数，张俊芳等. 金融支持国家创新体系：中美比较

［J］. 中国软科学，2023（4）：33-4.

67. 张同斌，高铁梅. 财税政策激励、高新技术产业发展与产业结构调整 ［J］. 经济研究，2012（5）：58-70.

68. 赵瑾. 日本公共投资：90 年代投资低效的原因，改革方向及启示 ［J］. 日本学刊，2014（6）：110-123.

69. 中国银保监会关于银行业保险业支持高水平科技自立自强的指导意见（银保监发［2021］46 号）［EB/OL］.（2021-11-26）［2024-01-05］，https：//www. gov. cn/zhengce/zhengceku/2021-12/04/content_ 5655806. htm.

70. 中央金融工作会议在北京举行 习近平李强作重要讲话 ［EB/OL］.（2023-10-31）［2023-11-26］. https：//www. gov. cn/yaowen/liebiao/202310/content_ 6912992. htm？slb＝true.

71. 朱衍强，颜剑英. 国外产业结构调整中的政府投资政策比较研究 ［J］. 国际关系学院学报，2005（6）：33-3.